O Poder
da Oração
a Maria

Elam de Almeida Pimentel

O Poder da Oração a Maria

9 novenas a Nossa Senhora

Petrópolis

© 2013, Editora Vozes Ltda.
Rua Frei Luís, 100
25689-900 Petrópolis, RJ
www.vozes.com.br
Brasil

2ª edição, 2013.
3ª reimpressão, 2023.

Todos os direitos reservados. Nenhuma parte desta obra poderá ser reproduzida ou transmitida por qualquer forma e/ou quaisquer meios (eletrônico ou mecânico, incluindo fotocópia e gravação) ou arquivada em qualquer sistema ou banco de dados sem permissão escrita da Editora.

CONSELHO EDITORIAL

Diretor
Volney J. Berkenbrock

Editores
Aline dos Santos Carneiro
Edrian Josué Pasini
Marilac Loraine Oleniki
Welder Lancieri Marchini

Conselheiros
Elói Dionísio Piva
Francisco Morás
Gilberto Gonçalves Garcia
Ludovico Garmus
Teobaldo Heidemann

Secretário executivo
Leonardo A.R.T. dos Santos

Editoração: Andréa Dornellas Moreira de Carvalho
Diagramação: Sheilandre Desenv. Gráfico
Capa: Omar Santos
Ilustrações: Graph-it

ISBN 978-85-326-4489-3

Este livro foi composto e impresso pela Editora Vozes Ltda.

Sumário

Apresentação, 7

1 Nossa Senhora Desatadora dos Nós, 9

2 Nossa Senhora do Bom Parto, 33

3 Nossa Senhora Rosa Mística, 61

4 Nossa Senhora do Carmo, 85

5 Nossa Senhora das Graças – Virgem da Medalha Milagrosa, 111

6 Nossa Senhora da Saúde, 139

7 Nossa Senhora do Perpétuo Socorro, 159

8 Nossa Senhora de Fátima, 181

9 Nossa Senhora Aparecida, 207

Apresentação

Apresentamos neste livro nove novenas a Nossa Senhora para nos ajudar a enfrentar os desafios diários, crendo que, orando e agradecendo, Deus nos ouve e nos responde nas horas certas. Acreditar nisso é crer que podemos enfrentar situações difíceis, pois Ele nos acompanha e nos auxilia em qualquer momento.

Maria, Mãe de Jesus, Nossa Senhora, é apresentada pela Igreja como a Medianeira, a cheia de Graça, aquela que viveu na plenitude, na graça de Deus: "Alegra-te, cheia de Graça" (Lc 1,28), saúda o Anjo. Desse modo, oremos a Nossa Senhora, vamos ao encontro de Maria e de Jesus por meio das novenas.

As novenas a Maria contidas neste livro são: Nossa Senhora Desatadora dos Nós –

invocada para desatar todos os nós de nossa vida; Nossa Senhora do Bom Parto – protetora das gestantes; Nossa Senhora Rosa Mística – Rainha da Paz – invocada nas horas de aflição; Nossa Senhora do Carmo – a Virgem do Escapulário; Nossa Senhora das Graças – a Virgem Imaculada da Medalha Milagrosa; Nossa Senhora da Saúde – invocada pelos enfermos; Nossa Senhora do Perpétuo Socorro – invocada nas horas de aflição e angústia; Nossa Senhora de Fátima – para pedir um bom conselho; e Nossa Senhora Aparecida – padroeira do Brasil.

A história da devoção, a oração e a ladainha acompanham cada uma das nossas novenas. Durante os nove dias refletimos sobre as passagens bíblicas, que são acompanhadas de uma oração para o pedido da graça especial, seguida de um Pai-nosso, uma Ave-Maria e um Glória-ao-Pai. A Bíblia deve estar sempre presente ao fazermos as novenas.

1
Nossa Senhora Desatadora dos Nós

1.1 Histórico

Maria Desatadora dos Nós é uma devoção que surgiu em 1700, na cidade de Ausburgo, na Alemanha. O artista alemão Johann Schmittdner pintou a Virgem Maria, inspirado nos dizeres de Santo Irineu, bispo de Lyon e mártir no ano 202: "Eva, por sua desobediência, atou o nó da desgraça para o gênero humano; ao contrário, Maria, por sua obediência, o desatou".

Este quadro foi colocado na pequena Igreja de São Peter, em Perlack, em Ausburgo, e ali está até hoje, sendo cuidado pelos jesuítas. É um painel de 1,10m de largura por 1,82m de altura.

Neste quadro, Maria é representada como a Imaculada Conceição. Ela está situada entre o céu e a terra, e o Espírito Santo derrama suas luzes sobre a Virgem. Em cima de sua cabeça estão 12 estrelas, significando as 12 tribos de Israel e o número de apóstolos, por quem, após a morte de Jesus, foi chamada de mestra nas dúvidas, consoladora nas angústias e fortaleza nas perseguições.

O quadro representa Maria conforme São João relatou no Apocalipse 12,1: "Apareceu no céu um grande sinal: uma mulher vestida do sol, com a lua debaixo dos pés e na cabeça uma coroa de doze estrelas". Outro ponto marcante no quadro é o manto azul que Maria está usando, a veste parece estar em movimento e simboliza a glória que reveste a Rainha no céu. Maria esmaga com os pés a cabeça de uma serpente, símbolo das forças do mal.

Na pintura, um dos anjos entrega a Maria uma faixa com os nós maiores e menores, separados e juntos. Estes nós, segundo a tradição, simbolizam o pecado original, nossos pecados cotidianos e suas consequências responsáveis por impedir que as graças frutifiquem livremente em nossa vida. Na parte inferior da pintura há um anjo segurando uma faixa que cai livremente. Mais abaixo, simbolizando a escuridão que domina a Terra, a pintura se mostra bem escura e aí pode ser visto um homem sendo guiado por um anjo até o topo da montanha. Segundo a tradição, trata-se do arcanjo Rafael que acompanha Tobias, figura bíblica do Antigo Testamento e o ajuda a encontrar-se com Sara, sua esposa, escolhida por Deus. Segundo dizem alguns biógrafos, essa história está no quadro para afirmar que Maria Desatadora dos Nós concede inúmeras graças no casamento e promove a reconciliação das famílias.

Essa devoção a Nossa Senhora Desatadora dos Nós se espalhou, e, no Brasil, em 1999, chegou a Campinas uma réplica do quadro descrito acima no Santuário Maria Porta do Céu. A partir de então, a devoção se espalhou e medalhas e santinhos com símbolos e orações a Nossa Senhora Desatadora dos Nós são vendidos.

Também em Búzios foi construída exclusivamente para Nossa Senhora Desatadora dos

Nós uma capela, inaugurada em 2001. Nesses locais, fiéis colocam placas de agradecimento por graças alcançadas na saúde, no amor e nas finanças.

1.2 Novena de Nossa Senhora Desatadora dos Nós

1º dia

Iniciemos com fé este primeiro dia de nossa novena, invocando a presença da Santíssima Trindade: em nome do Pai, do Filho e do Espírito Santo. Amém.

Leitura bíblica: Ct 6,10

> Quem é esta que surge como a aurora, bela como a lua, brilhante como o sol, esplêndida como o céu estrelado.

Reflexão

Segundo a tradição, foi com essas palavras que os anjos receberam Nossa Senhora no céu, ao vê-la tão bela e gloriosa. E toda a corte celeste, com hinos de louvor e júbilo, a bendisse. E é com seu amor de mãe e seu poder intercessor junto ao seu filho Jesus que Maria, trazendo com ela a corte celeste, desata os nós que tanto nos angustiam.

Oração

Nossa Senhora Desatadora dos Nós, em vós confio. Eu sei que podeis desatar este nó, pois tudo é possível para vosso amado filho. Estendeis vossa mão misericordiosa para mim. Entrego-vos hoje este nó... [fala-se o problema que aflige] e todas as consequências negativas que ele provoca em minha vida. Santa Maria, dai-nos perseverança em nosso amor a Deus e ensina-nos a dar graças por tudo o que dele recebemos.

Pai-nosso.

Ave-Maria.

Glória-ao-Pai.

Santa Desatadora dos Nós, intercedei por nós.

2ª dia

Iniciemos com fé este segundo dia de nossa novena invocando a presença da Santíssima Trindade: em nome do Pai, do Filho e do Espírito Santo. Amém.

Leitura do Evangelho: Lc 1,48-50

> Eis que de agora em diante me chamarão feliz todas as gerações, porque o Poderoso fez por mim grandes coisas: O seu nome é santo. Sua misericórdia passa de geração em geração para os que o temem.

Reflexão

Este trecho do "Magnificat" mostra a fé e a gratidão de Maria para com o Divino e apresenta Nossa Senhora como a medianeira entre nós e Deus em todas as épocas. Maria ofereceu a Deus todos os momentos do seu dia. Vamos pedir a ela que nos ajude a ter firmeza em nossa fé em Deus e nela.

Oração

Maria, vos pedimos para nos ajudar a expulsar de nossos corações todo orgulho, egoísmo e nos manter cada vez mais próximos de Deus e de vós. Maria Desatadora dos Nós, recorro a vós hoje para pedir que desate este nó... [fala-se o problema] que me impede de ser feliz e de refletir sobre a glória de Deus.

Pai-nosso.

Ave-Maria.

Glória-ao-Pai.

Santa Desatadora dos Nós, intercedei por nós.

3º dia

Iniciemos com fé este terceiro dia de nossa novena, invocando a presença da Santíssima Trindade: em nome do Pai, do Filho e do Espírito Santo. Amém.

Leitura bíblica: Tg 4,2

[...] Não obtendes nada porque não pedis. Pedis e não recebeis porque pedis mal [...].

Reflexão

Maria rogou com os apóstolos durante quatro dias pela vinda do Espírito Santo. Ela nos ensina a ter a perseverança necessária na oração, a não desistir e a ter paciência e fé na oração para o alcance da graça solicitada.

Oração

Ó Maria, ensinai-nos a ser pacientes e a rezar. Confio em vós para desatar este nó de minha vida... [fala-se o problema]. Afastai também todo o rancor e/ou ressentimento que ele me causou. Ajudai-me a perdoar todos que, consciente ou inconscientemente, provocaram este nó. Amém.

Pai-nosso.

Ave-Maria.

Glória-ao-Pai.

Santa Desatadora dos Nós, intercedei por nós.

4º dia

Iniciemos com fé este quarto dia de nossa novena invocando a presença da Santíssima Trindade: em nome do Pai, do Filho e do Espírito Santo. Amém.

Leitura do Evangelho: Lc 2,15-19

> Assim que os anjos se foram para o céu, os pastores disseram uns aos outros: "Vamos até Belém, para ver o acontecimento que o Senhor nos deu a conhecer". Foram depressa e encontraram Maria, José e o menino deitado numa manjedoura. Vendo-o, contaram as coisas que lhes foram ditas sobre o menino. Todos que ouviam isto maravilhavam-se do que lhes diziam os pastores. Maria conservava todas essas coisas meditando-as em seu coração.

Reflexão

"[...] meditando em seu coração", aceitando, acreditando, tendo fé em Deus, Maria entregou sua vida nas mãos dele. Vamos seguir seu exemplo e entregar nossa vida, nossos problemas nas mãos de Nossa Senhora e de Jesus.

Oração

Ó Maria Desatadora dos Nós, que sua misericórdia chegue a nós e a nossa família. Tem piedade de mim. Confio em vós e vos peço que desateis este nó de minha vida... [fala-se o problema]. Dai-nos paz e aumentai nossa fé.

Pai-nosso.

Ave-Maria.

Glória-ao-Pai.

Santa Desatadora dos Nós, intercedei por nós.

5º dia

Iniciemos com fé este quinto dia de nossa novena, invocando a presença da Santíssima Trindade: em nome do Pai, do Filho e do Espírito Santo.

Leitura do Evangelho: Jo 14,1

Não se perturbe o vosso coração. Credes em Deus, crede também em mim.

Reflexão

Maria aceitou todos os desígnios divinos em sua vida. Teve um amor incondicional por Jesus e de entrega total a Deus. Vamos pedir a ela sua proteção e com ela aprender a amar e aceitar tudo que vem do Senhor.

Oração

Santa Mãe do Senhor, ensinai-nos a amar como vós as coisas simples da vida e, como vós, a aceitar todos os desígnios de Deus Pai Todo-Poderoso. Nossa Senhora Desatadora dos Nós, venho a vós novamente entregar este nó que tanto me aflige... [fala-se o problema]. Rogai a Deus para que eu receba um novo sopro do Espírito Santo neste momento de minha vida. Amém.

Pai-nosso.

Ave-Maria.

Glória-ao-Pai.

Santa Desatadora dos Nós, intercedei por nós.

6º dia

Iniciemos com fé este sexto dia de nossa novena, invocando a presença da Santíssima Trindade: em nome do Pai, do Filho e do Espírito Santo.

Leitura bíblica: Gl 6,2

> Carregai o peso uns dos outros e assim cumprireis a lei de Cristo.

Reflexão

Às vezes nos sentimos como se não houvesse solução para os problemas, parece que o mundo está desabando. Nesse momento de extrema dificuldade, a ajuda de alguém e a fé em Deus e em Nossa Senhora muito nos ajuda. Se alguém está desanimado, encoraje-o, ajude-o a achar uma saída. Estenda-lhe a mão e ajude-o, cumprindo assim a lei de Deus.

Oração

Nossa Senhora protetora nossa, ajudai-nos a cumprir as leis de Deus. Maria Desatadora dos Nós, auxiliai-nos na solução desse emaranhado de problemas em nossas vidas. Rainha de misericórdia, confio em vós este nó da minha vida... [fala-se o problema]. Santa Maria Desatadora dos Nós, socorrei-nos.

Pai-nosso.

Ave-Maria.

Glória-ao-Pai.

Santa Desatadora dos Nós, intercedei por nós.

7º dia

Iniciemos com fé este sétimo dia de nossa novena, invocando a presença da Santíssima Trindade: em nome do Pai, do Filho e do Espírito Santo.

Leitura bíblica: Sl 91,9-12

É o Senhor meu refúgio, tu fizeste do Altíssimo tua morada. Não te acontecerá mal algum, nem a praga chegará à tua tenda. Pois aos seus anjos dará ordens a teu respeito, para que te guardem em todos os teus caminhos. Eles te levarão nas mãos, para que teu pé não tropece numa pedra.

Reflexão

É um salmo de total confiança em Deus, é uma entrega total na certeza da sua presença em todas as situações de nossas vidas. Assim Maria baseou toda sua vida, numa entrega total ao Senhor.

Oração

Amadíssima Nossa Senhora, ensinai-nos a amar como vós a Jesus e ajudai-nos na solução de nossos problemas. Nossa Senhora Desatadora dos Nós, venho a vós hoje para suplicar que desateis este nó da minha vida... [fala-se o problema].

Pai-nosso.

Ave-Maria.

Glória-ao-Pai.

Santa Desatadora dos Nós, intercedei por nós.

8º dia

Iniciemos com fé este oitavo dia de nossa novena, invocando a presença da Santíssima Trindade: em nome do Pai, do Filho e do Espírito Santo.

Leitura do Evangelho: Mt 26,39

[...] Pai, se for possível, afasta de mim este cálice, contudo não se faça como eu quero, mas como Tu queres.

Reflexão

Às vezes nossa dor é tanta que não conseguimos nem rezar. Nessa hora lembremos que nossa força está em Jesus e coloquemos nossas vidas em suas mãos. Jesus assim o fez em sua dor e angústia.

Oração

Santa Maria Desatadora dos Nós, ajudai-nos a ter sempre fé em Deus Pai. Tende piedade de nós e desatai este nó... [fala-se o problema] na minha vida. Coloco em vossas mãos minha casa, minha família, pois em vós confio plenamente.

Pai-nosso.

Ave-Maria.

Glória-ao-Pai.

Santa Desatadora dos Nós, intercedei por nós.

9º dia

Iniciemos com fé este nono dia de nossa novena invocando a presença da Santíssima Trindade: em nome do Pai, do Filho e do Espírito Santo. Amém.

Nossa Senhora Desatadora dos Nós,

Vós bem conheceis os sofrimentos de minha vida. Venho pedir-vos para desatardes os

O poder da oração a Maria

nós que me afligem, livrando-me das ciladas do mal. Creio que vós tendes grande poder para eliminar qualquer mal de minha vida, destruindo todas as armadilhas que os nós provocaram.

Santa Maria Desatadora dos Nós, agradeço-vos por desatardes os nós de minha vida. Cobri-me com vosso manto de amor e, quiando-me na vossa proteção, iluminai-me com vossa paz. Amém.

Pai-nosso.

Ave-Maria.

Glória-ao-Pai.

Santa Desatadora dos Nós, intercedei por nós.

1.3 Oração a Nossa Senhora Desatadora dos Nós

Nossa Senhora Desatadora dos Nós,

Mãe de Jesus, protetora nossa, intercedei junto a vosso filho para que possamos nos livrar dos nós que atrapalham nossa vida, dos *ressentimentos e da falta de fé. Nossa Senhora Desatadora dos Nós, mãe que nunca deixou de socorrer um filho aflito, voltai o vosso olhar sobre mim e vede o emaranhado de nós que há em minha vida.*

Vós bem conheceis meu desespero, a minha dor e o quanto estou amarrado a estes nós. Confio em vós para desamarrar estes nós, devolvendo a paz tão necessária. Nossa Senhora Desatadora dos Nós, mãe poderosa, peço vossa intercessão junto a Jesus, vosso amado filho, para desatar este nó... [fala-se o problema]. Vós sois a minha esperança. Ouvi a minha súplica e livrai-me de todo mal.

Nossa Senhora Desatadora dos Nós, intercedei por nós. Amém.

1.4 Ladainha de Nossa Senhora Desatadora dos Nós

Senhor, tende piedade de nós.

Jesus Cristo, tende piedade de nós.

Senhor, tende piedade de nós.

Jesus Cristo, ouvi-nos.

Jesus Cristo, atendei-nos.

Pai celeste, que sois Deus, tende piedade de nós.

Deus Filho, redentor do mundo, tende piedade de nós.

Deus Espírito Santo, tende piedade de nós.

Santíssima Trindade, que sois um só Deus, tende piedade de nós.

Santa Maria, rainha dos mártires, rogai por nós.

Nossa Senhora Desatadora dos Nós, rogai por nós.

Nossa Senhora Desatadora dos Nós, mãe de Deus, rogai por nós.

Nossa Senhora Desatadora dos Nós, rainha de todos nós, rogai por nós.

Nossa Senhora Desatadora dos Nós, que desata os nós de nossas vidas, rogai por nós.

Nossa Senhora Desatadora dos Nós, que através de vós chegou nossa salvação, rogai por nós.

Nossa Senhora Desatadora dos Nós, mãe do sol nascente, rogai por nós.

Nossa Senhora Desatadora dos Nós, Imaculada Conceição, rogai por nós.

Nossa Senhora Desatadora dos Nós, advogada nossa, rogai por nós.

Nossa Senhora Desatadora dos Nós, auxiliadora nos momentos de aflição, rogai por nós.

Nossa Senhora Desatadora dos Nós, rainha da misericórdia, rogai por nós.

Nossa Senhora Desatadora dos Nós, mestra nas dúvidas, rogai por nós.

Nossa Senhora Desatadora dos Nós, consoladora nas angústias, rogai por nós.

Nossa Senhora Desatadora dos Nós, fortaleza nas perseguições, rogai por nós.

Nossa Senhora Desatadora dos Nós, mãe do povo de Deus, rogai por nós.

Nossa Senhora Desatadora dos Nós, mãe da Igreja, rogai por nós.

Nossa Senhora Desatadora dos Nós, mãe santíssima, rogai por nós.

Nossa Senhora Desatadora dos Nós, Virgem Maria, rogai por nós.

Nossa Senhora Desatadora dos Nós, mãe do belo amor, rogai por nós.

Nossa Senhora Desatadora dos Nós, mãe que jamais deixa de vir em socorro de um filho aflito, rogai por nós.

Nossa Senhora Desatadora dos Nós, senhora minha, rogai por nós.

Nossa Senhora Desatadora dos Nós, Santa Maria, rogai por nós.

Nossa Senhora Desatadora dos Nós, mãe amada, rogai por nós.

Nossa Senhora Desatadora dos Nós, mãe medianeira, rogai por nós.

Nossa Senhora Desatadora dos Nós, rainha do céu, rogai por nós.

Nossa Senhora Desatadora dos Nós, mãe querida, rogai por nós.

Nossa Senhora Desatadora dos Nós, mãe generosa, rogai por nós.

Nossa Senhora Desatadora dos Nós, mãe compassiva, rogai por nós.

Nossa Senhora Desatadora dos Nós, mãe puríssima, rogai por nós.

Nossa Senhora Desatadora dos Nós, mãe esperança dos doentes, rogai por nós.

Nossa Senhora Desatadora dos Nós, mãe de todos nós, rogai por nós.

Cordeiro de Deus, que tirais os pecados do mundo, perdoai-nos, Senhor.

Cordeiro de Deus, que tirais os pecados do mundo, atendei-nos, Senhor.

Cordeiro de Deus, que tirais os pecados do mundo, tende piedade de nós, Senhor.

Jesus Cristo, ouvi-nos.

Jesus Cristo, atendei-nos.

Rogai por nós, Nossa Senhora Desatadora dos Nós,

Para que sejamos dignos das promessas de Cristo.

2
Nossa Senhora do Bom Parto

2.1 Histórico

No Brasil, a primeira capela de Nossa Senhora do Bom Parto foi construída por volta de 1650, no Rio de Janeiro, para abrigar uma imagem trazida da Ilha da Madeira. Esta capela era dedicada a Nossa Senhora do Ó, chamada também de Expectação ou do Parto.

Mais tarde foi construído, ao lado da capela, um abrigo para mulheres, cognominado "Recolhimento do Desterro", uma espécie de casa de correção para mulheres (as jovens que não se submetiam ao casamento imposto pelos pais ou as esposas que ali eram encarceradas pelos maridos sob o pretexto de os terem traído).

Esse abrigo e parte da capela foram destruídos, anos mais tarde, por um incêndio, e a imagem de Nossa Senhora do Bom Parto foi salva por uma das mulheres do abrigo, sendo levada para o Hospital da Penitência e lá permanecendo até o dia em que o prédio foi reconstruído. Ali permaneceu até por volta de

1950 quando foi transferida para outra igreja porque o antigo prédio foi demolido para a construção de uma avenida no local.

Atualmente, existem várias paróquias de Nossa Senhora do Bom Parto, sendo que, em Tatuapé, na cidade de São Paulo a Paróquia de Nossa Senhora do Bom Parto é tradicional.

Uma das mais famosas esculturas brasileiras de Nossa Senhora do Bom Parto é a da matriz de Vila Boa de Goiás, que, atualmente, se encontra no Museu de Arte Sacra da capital goiana. A imagem da Virgem do Bom Parto do Rio de Janeiro se apresenta grávida, de pé sobre nuvens, vestida de branco, com manto azul e dourado. Tem as mãos juntas sobre o peito. Nas nuvens, sob os seus pés, aparecem três cabeças de anjo. Não possui véu nem coroa e tem os cabelos caídos sobre os ombros.

As imagens comuns de Nossa Senhora do Bom Parto apresentam a Virgem Maria de pé sobre as nuvens, vestida com manto que lhe cai dos ombros até os pés. Segura com as duas mãos o menino Jesus, nu e recém-nascido, deitado sobre elas. Tem na cabeça um véu curto e não usa coroa.

2.2 Novena de Nossa Senhora do Bom Parto

1º dia

Iniciemos com fé nossa novena invocando a presença da Santíssima Trindade. Em nome do Pai, do Filho e do Espírito Santo. Amém.

Leitura do Evangelho: Lc 1,26-33

> No sexto mês, o anjo Gabriel foi enviado da parte de Deus para uma cidade da Galileia, chamada Nazaré, a uma virgem, prometida em casamento a um homem, chamado José, da casa de Davi. O nome da virgem era Maria. Entrando onde ela estava, o anjo lhe disse: "Alegra-te, cheia de graça, o Senhor está contigo!" Ao ouvir as palavras, ela se perturbou e

refletia no que poderia significar a saudação. Mas o anjo lhe falou: "Não tenhas medo, Maria, porque encontraste graça diante de Deus. Eis que concebeerás e darás à luz um filho e lhe porás o nome de Jesus. Ele será grande e será chamado Filho do Altíssimo. O Senhor Deus lhe dará o trono de Davi, seu pai. Ele reinará na casa de Jacó pelos séculos e seu reino não terá fim".

Reflexão

Deus escolheu Maria para ser a mãe de seu filho. Maria foi a "escolhida". Quando Deus-Pai determinou enviar o seu Filho e o Espírito Santo, fez nascer Maria. Ela foi pensada e querida por Deus para essa missão. Ela era o templo vivo de Deus para acolher o seu Filho.

Em meu corpo também está sendo formado um bebê e Deus está cuidando dele com amor. A vida formando-se é um dom de Deus. "Antes mesmo de te formar no ventre materno, eu te conheci; antes que nascesses, eu te consagrei e te constituí profeta para as nações." (Jr 1,5)

Oração

Senhor, protege-me e a todas as mulheres grávidas. Que todas nós saibamos acolher com amor os nossos filhos gerados. Nossa Senhora do Bom Parto, protetora das gestantes, ajuda-me a zelar pelo meu filho ainda no meu ventre. Intercede por mim junto a Deus e concede-me a graça de um bom parto. Amém.

Pai-nosso.

Ave-Maria.

Glória-ao-pai.

2ª dia

Iniciemos com fé nossa novena invocando a presença da Santíssima Trindade. Em nome do Pai, do Filho e do Espírito Santo. Amém.

Leitura do Evangelho: Lc 1,34-38

Maria perguntou ao anjo: "Como acontecerá isso, pois não conheço homem?" Em resposta, o anjo lhe disse: "O Espírito Santo virá sobre ti e o poder do Altíssimo te cobrirá com sua sombra; é por isso que o menino santo que vai nascer será chamado de Filho de Deus. Até Isabel, tua parenta, concebeu um filho em sua velhice, e este é o sexto mês daquela que era considerada estéril, porque, para Deus, nada é impossível".

Disse então Maria: "Eis aqui a serva do Senhor. Aconteça comigo segundo tua palavra!" E dela se afastou o anjo.

Reflexão

Em Maria encontramos a presença e a entrega. O sim de Maria foi um ato de coragem, obediência e fé a Deus. Ela não se comportou passivamente diante das palavras do anjo, mas o questionamento dela solicitou esclarecimentos sobre a mensagem recebida. Não foi um questionamento de fé, pois, ao haver sido mais bem-esclarecida, disse: "Eis aqui a serva do Senhor. Aconteça comigo segundo tua palavra!" Em Maria encontramos toda a capacidade de escuta, acolhida, entrega, fé.

Oração

Senhor, assim como Maria participou do plano de Deus, concebendo Jesus com fé e serenidade, eu também acolho com alegria meu filho, dizendo sim à vida e dando prosseguimento ao seu projeto de amor. Nossa Senhora do Bom Parto, ajuda-me e a todas as gestantes, iluminando nossas vidas para que possamos transmitir sentimentos de amor e afeto para o bebê que virá.

3º dia

Iniciemos com fé nossa novena invocando a presença da Santíssima Trindade. Em nome do Pai, do Filho e do Espírito Santo. Amém.

Leitura do Evangelho: Lc 1,39-40

Naqueles dias, Maria se pôs a caminho e foi apressadamente às montanhas para uma cidade de Judá. Entrou em casa de Zacarias e saudou Isabel.

Reflexão

Maria viajou até Judá em solidariedade à Isabel, para prestar seus serviços à gestante idosa, pois ficou lá por cerca de três meses, até Isabel dar à luz. A solidariedade está presente em Maria. Assim como Maria ajudou Isabel no período da gravidez, ela pode ajudar também a todas as gestantes. Nossa Senhora do Bom Parto, roga por mim e por todas as gestantes.

Oração

Senhor, protege meu bebê e todas as mulheres grávidas. Acompanha nossa caminhada, ajudando-nos a superar as dificuldades que possam aparecer neste período. Nossa Senhora do Bom Parto, ilumina nossa caminhada durante a gestação e na hora do parto. Amém.

4º dia

Iniciemos com fé nossa novena, invocando a presença da Santíssima Trindade. Em nome do Pai, do Filho e do Espírito Santo. Amém.

Leitura do Evangelho: Lc 1,46-55

Então Maria disse: "Minha alma engrandece o Senhor e rejubila / meu espírito em Deus, meu Salvador, / porque olhou para a humildade de sua serva. Eis que de agora em diante me chamarão feliz todas as gerações, / porque o Poderoso fez por mim grandes coisas: o seu nome é santo. / Sua misericórdia passa de geração em geração para os que o temem. / Mostrou o poder de seu braço e dispersou os que se orgulham de seus planos. / Derrubou os poderosos de seus tronos e exaltou os humildes. / Encheu de bens os famintos e os ricos despediu de mãos vazias. / Acolheu Israel, seu servo, lembrando-se de sua misericórdia, / conforme o que prometera a nossos pais, em favor de Abraão e de sua descendência, para sempre".

Maria ficou com Isabel uns três meses e voltou para casa.

Reflexão

Maria sai de sua cidade e vai ao encontro de sua prima Isabel, que também está grávida, e, juntas, louvam o Senhor. Segundo a espiritualidade bíblica, o louvor vem acompanhado de alegria. A alegria de Maria tem sua fonte em Deus Salvador que cumpre suas promessas. Ela proclama a alegria de sua maternidade pela qual nascerá um Filho, que assinala a salvação que Deus havia preparado diante de todos os povos.

Com esse canto, Maria nos ensina a ter esperança nas promessas de Deus, expressando toda a sua fé. Assim como Maria, vamos ter fé e agradecer a Deus por tudo de bom que nos tem dado.

Oração

Ó Senhor, quero agradecer por todos os momentos felizes de minha vida e suplico a Nossa Senhora do Bom Parto a graça de aprender a servir a Deus e peço sua intercessão para vivenciar com alegria toda a gestação de meu filho, acolhendo-o com todo amor e carinho. Nossa Senhora do Bom Parto, zela por nós!

O poder da oração a Maria

5º dia

Iniciemos com fé nossa novena, invocando a presença da Santíssima Trindade. Em nome do Pai, do Filho e do Espírito Santo. Amém.

Leitura do Evangelho: Lc 2,1-7

> Naqueles dias saiu um decreto do imperador Augusto, ordenando o recenseamento do mundo inteiro. Este foi o primeiro recenseamento no governo de Quirino na Síria. Todos iam registrar-se, cada um em sua cidade. Também José subiu da Galileia, da cidade de Nazaré, para a Judeia, à cidade de Davi, chamada Belém, porque era da família e da descendência de Davi, para se registrar com Maria, sua esposa, que estava grávida. Estando eles ali, completaram-se os dias para o parto, e ela deu à luz o seu filho primogênito. Envolveu-o em panos e o deitou numa manjedoura, por não haver lugar na sala dos hóspedes.

Reflexão

O decreto do imperador romano exigia que todas as pessoas fossem registradas no censo, em sua cidade natal. José viajou com Maria de quatro a cinco dias em caravanas de Nazaré a Belém que se distanciavam cerca de 150km. O estado da gestação de Maria estava bem avançado. Na história da Salvação nada acontece por acaso e tudo o que aconteceu veio a confirmar uma profecia, a de Miqueias, sobre o local do nascimento do Messias: "Mas tu, Belém de Éfrata, embora pequena entre os clãs de Judá, de ti sairá para mim aquele que deve governar Israel" (Mq 5,1).

Jesus nasceu numa cidade pobre, numa manjedoura, estando presentes somente José e Maria, pessoas confiantes em Deus. Hoje, muitas crianças continuam sendo geradas e nascendo em condições de extrema pobreza.

Oração

Senhor, ajuda-me a confiar cada vez mais em vós, que não nos desampara em qualquer momento. Nossa Senhora do Bom Parto, ajuda-me a ter meu bebê em um bom lugar, cercado de muito carinho e de boa assistência

O poder da oração a Maria

médica. Que todas as gestantes também possam ter seus bebês com dignidade.

6° dia

Iniciemos com fé nossa novena, invocando a presença da Santíssima Trindade. Em nome do Pai, do Filho e do Espírito Santo. Amém.

Leitura do Evangelho: Lc 2,8-19

Naquela mesma região havia uns pastores no campo, vigiando à noite o rebanho. Um anjo do Senhor apresentou-se diante deles e a glória do Senhor os envolveu de luz, ficando eles muito assustados. O anjo lhes disse: "Não temais, pois vos anuncio uma grande alegria, que é para todo o povo: Nasceu-vos hoje, na cidade de Davi, um Salvador, que é Cristo Senhor. Este será o sinal: encontrareis o menino envolto em panos e deitado numa manjedoura". Imediatamente, juntou-se ao anjo uma multidão do exército celeste, que louvava a Deus, dizendo: "Glória a Deus nas alturas e paz na terra aos homens por ele amados".

Assim que os anjos se foram para o céu, os pastores disseram uns aos outros: "Vamos até Belém, para ver o acontecimento que o Senhor nos deu a conhecer". Foram depressa e encontraram Maria, José e o menino deitado numa manjedoura. Vendo-o, contaram as coisas que lhes foram ditas sobre o menino. Todos que ouviam isto maravilhavam-se do que lhes diziam os pastores.

Maria conservava todas essas coisas, meditando-as em seu coração.

Reflexão

Desde o primeiro instante de sua vida, Jesus, o Messias, se identifica com os pobres. Os primeiros a receber a Boa Notícia (Evangelho) são os pobres e marginalizados, representados pelo pastores. As grandes obras de Deus são realizadas pelas pessoas que tanto acolhem com sinceridade e bondade as mensagens do Evangelho como assumem a vivência de uma identidade cristã. Maria aguardava com alegria e esperança a chegada de seu filho; ela conhecia as profecias do Antigo Testamento (Is 7,14).

A presença de Deus sempre esteve conosco ao longo de nossas vidas. Deus acompanhou Maria durante a gestação de Jesus. Deus está presente também na vida de todas as gestantes e também na hora do parto.

Oração

Obrigada, Senhor, por tudo. Nossa Senhora do Bom Parto, ajuda-me a transmitir para meu bebê sentimentos de amor, segurança, proteção durante toda a gestação. Protege-me durante a gestação e na hora do parto.

7º dia

Iniciemos com fé nossa novena, invocando a presença da Santíssima Trindade. Em nome do Pai, do Filho e do Espírito Santo. Amém.

Leitura do Evangelho: Jo 2,1-10

No terceiro dia houve um casamento em Caná da Galileia, e a mãe de Jesus estava presente. Jesus e os discípulos também foram convidados para esse casamento. Tendo acabado o vinho, a mãe de Jesus lhe disse: "Eles não têm mais vinho". Jesus respondeu: "Mulher, o que temos nós a ver com isso? Ainda não chegou a minha hora". Sua mãe disse aos que estavam servindo: "Fazei tudo o que Ele vos disser".

Havia ali seis talhas de pedra para as purificações dos judeus. Em cada uma, cabiam duas ou três medidas. Jesus disse: "Enchei de água as talhas". Eles encheram-nas até a borda. Então Jesus disse: "Tirai agora um pouco e levai ao organizador da festa". Eles levaram. Logo que o organizador da festa provou da água transformada em vinho – ele não sabia de onde vinha, embora o soubessem os serventes que tinham tirado a água – chamou o noivo e lhe disse: "Todos servem primeiro o vinho bom e, quando já estão embriagados, servem o de qualidade inferior. Tu guardaste o vinho bom até agora". Este foi o início dos sinais de Jesus, em Caná da Galileia. Ele manifestou a sua glória, e os discípulos creram nele.

Reflexão

Maria intercede com Jesus para que a falta de vinho não atrapalhasse a alegria da festa. Ela, sempre preocupada com todos, recorre a Jesus como intercessora de todos nós, pois sabe que, para Ele, tudo é possível. Ela sempre intercederá por nós, suplicando em favor da humanidade, conduzindo-nos no caminho em direção à verdade de Deus. Por ela chega ao mundo a luz, a esperança, a salvação.

Oração

Nossa Senhora do Bom Parto, ajuda-nos a ver na humildade um caminho para a vida plena. Ajuda-nos a assumir com alegria o Evangelho e que a graça de Deus acompanhe a mim e a meu bebê em toda a gestação e na hora do parto. Amém.

Nossa Senhora do Bom Parto, roga por nós.

8º dia

Iniciemos com fé nossa novena, invocando a presença da Santíssima Trindade. Em nome do Pai, do Filho e do Espírito Santo. Amém.

Leitura do Evangelho: Jo 3,4-5

> Nicodemos perguntou-lhe: "Como pode nascer alguém que já é velho? Acaso pode entrar de novo no ventre da mãe e nascer?" Jesus respondeu: "Na verdade eu te digo: quem não nascer da água e do Espírito Santo não pode entrar no Reino de Deus".

Mt 28,19

Ide, pois, fazei discípulos meus todos os povos, batizando-os em nome do Pai e do Filho e do Espírito Santo, ensinando-os a observar tudo quanto vos mandei.

Reflexão

O batismo faz renascer e participar de toda a vida cristã. As mães são responsáveis por seus filhos desde que foram gerados ainda no útero materno e, assim, é importante a participação dos pais nesta ocasião do batismo, que é um sacramento, em que a criança vai ser apresentada a participar da vida cristã. Nossa Senhora do Bom Parto, ajuda-me a criar meu filho segundo os mandamentos da lei de Deus.

Oração

Nossa Senhora do Bom Parto, suplico tua intercessão junto ao Pai para que eu tenha um bom parto. Agradeço o dom da vida de meu bebê. Ilumina-me para que possa educá-lo bem, transmitindo-lhe noções certas de paz,

Nossa Senhora do Bom Parto

amor, justiça e solidariedade. Acolhe a minha oração confiando em Jesus Cristo. Amém.

9ª dia

Iniciemos com fé nossa novena, invocando a presença da Santíssima Trindade. Em nome do Pai, do Filho e do Espírito Santo. Amém.

Leitura bíblica: Sl 91(90)

Sob a proteção de Deus

Aquele que habita sob a proteção do Altíssimo passa a noite à sombra do Todo-Poderoso. / Pode dizer ao Senhor: "Ele é meu refúgio e minha fortaleza, meu Deus, em quem confio". / Pois Ele te livra do laço do caçador e da peste maligna. / Ele te cobre com suas plumas, e debaixo de suas asas te refugias; sua fidelidade é um escudo e uma armadura. / Não temerás o pavor da noite nem a flecha que voa de dia; / nem a peste que ronda no escuro, nem a epidemia que devasta em pleno dia. / Se tombarem mil a teu lado e dez mil à tua direita, não serás atingido. / Basta abrires os olhos, e verás o castigo dos ímpios. "É o Senhor meu refúgio", / tu fizeste do Altíssimo tua morada. / Não te acontecerá mal algum, nem a praga chegará à tua tenda. / Pois aos seus anjos dará ordens a teu respeito, para que te guardem em todos os teus caminhos / Eles te levarão nas mãos, para que seu pé não tropece numa pedra. / Pisarás sobre o leão e a víbora, calcarás aos pés a fera e o dragão. / "Porque ele se apegou a mim, eu o libertarei; eu o protegerei, pois conhece o meu nome.

Quando me invocar, eu lhe responderei, / estarei com ele na tribulação, eu o livrarei e o glorificarei, / eu o saciarei com longos dias e lhe revelarei a minha salvação."

Reflexão

Maria aceitou com integridade o plano de Deus ao dizer sim ao anjo enviado por Ele, reconhecendo a presença do Senhor em todos os momentos de sua vida e da vida de Jesus.

Aceitou tudo com coragem, com fidelidade, protegendo e amando Jesus e todos nós.

Ó Nossa Senhora do Bom Parto, assim como tu enfrentaste tudo com resignação e fé em Deus, mesmo perante a crucificação de vosso filho, peço que me dês força e fé na hora do parto. Nossa Senhora do Bom Parto, protege a mim e a meu filho.

Oração

Amado Deus, ajuda-me a sentir a tua presença em todas as situações. Nossa Senhora do Bom Parto, ajuda-me a esperar e a me alegrar com a chegada do meu parto. Ajuda-me a confiar em Deus e a acreditar que Ele estará comigo em todos os momentos de minha gestação e também na hora do parto. Amém.

2.3 Oração a Nossa Senhora do Bom Parto

Nossa Senhora do Bom Parto, protetora das gestantes, ajuda-me durante toda a minha gestação, zelando por mim e por meu filho. Que eu sinta muita alegria durante toda a gra-

videz. Que eu saiba educar meu filho segundo os mandamentos cristãos.

Nossa Senhora do Bom Parto, intercede junto de Deus-Pai para que possa receber meu filho em um ambiente agradável, cercado com carinho. Ensina-me a agradecer a Deus por esta vida que está se formando e que entrego de coração em tuas mãos protetoras.

Nossa Senhora do Bom Parto, tu que foste mãe, olha por mim, pois estou insegura em relação ao parto. Dá-me a graça de ter um parto feliz. Fazei com que meu filho nasça com saúde, forte e perfeito.

Nossa Senhora do Bom Parto, roga por mim e por todas as gestantes.

Por Jesus Cristo, Nosso Senhor, na unidade do Espírito Santo. Amém.

2.4 Oração de Agradecimento (para depois do parto)

Senhor, Deus de amor, entregamos nosso filho a Vós. Nós o acolhemos com amor, carinho e muita alegria. Abençoai esta vida, que ele seja feliz. Abençoai meu marido, meu filho, todos nós. Entrego minha família a Vós, pois acredito que "tudo posso naquele que me fortalece".

Senhor, dai-me sabedoria para aceitar as dificuldades e coragem para procurar resolvê-las.

Derramai vossa bênção sobre nós. Que eu seja uma boa mãe, conduzindo meu filho no caminho do amor, da paz e da fraternidade.

Obrigada, meu Deus.

Obrigada, Nossa Senhora do Bom Parto.

Por Jesus Cristo, Nosso Senhor, na unidade do Espírito Santo. Amém.

2.5 Ladainha de Nossa Senhora do Bom Parto

Senhor, tende piedade de nós.

Jesus Cristo, tende piedade de nós.

Senhor, tende piedade de nós.

Jesus Cristo, escutai-nos.

Jesus Cristo, atendei-nos.

Pai celeste, que sois Deus, tende piedade de nós.

Deus Filho, redentor do mundo, tende piedade de nós.

Deus Espírito Santo, tende piedade de nós.

Santíssima Trindade, que sois um só Deus, tende piedade de nós.

Santa Maria, rainha das mártires, rogai por nós.

Maria, mãe de Deus, rogai por nós.

Maria, mãe do Salvador, rogai por nós.

Maria, cheia de graça, rogai por nós.

Maria, mãe de Jesus, rogai por nós.

Maria, mãe da humanidade, rogai por nós.

Maria, mãe do amor, rogai por nós.

Maria, mãe dos aflitos, rogai por nós.

Maria, mãe da solidariedade, rogai por nós.

Maria, mãe da compaixão, rogai por nós.

Maria, mãe dos humildes, rogai por nós.

Maria, mãe da confiança, rogai por nós.

Maria, mãe da oração, rogai por nós.

Maria, mãe da consolação, rogai por nós.

Maria, mãe do povo sofrido, rogai por nós.

Maria, mãe da sabedoria, rogai por nós.

Maria, mãe da paz, rogai por nós.

Maria, mãe das crianças abandonadas, rogai por nós.

Maria, consoladora dos aflitos, rogai por nós.

Nossa Senhora do Bom Parto, protetora das gestantes, rogai por nós.

Maria, mãe que fostes agraciada com a maternidade divina, rogai por nós.

Nossa Senhora do Bom Parto, intercessora das gestantes a Deus, rogai por nós.

Nossa Senhora do Bom Parto, que concedeis a graça de um bom parto, rogai por nós.

Nossa Senhora do Bom Parto, que ajudais as gestantes a assumirem a maternidade em todas as circunstâncias, rogai por nós.

Nossa Senhora do Bom Parto, que nos orientais para uma vivência cristã, rogai por nós.

Nossa Senhora do Bom Parto, que zelais por todas as gestantes, rogai por nós.

Nossa Senhora do Bom Parto, que ajudais a gestante na hora do parto, rogai por nós.

Nossa Senhora do Bom Parto, consoladora das gestantes, rogai por nós.

Nossa Senhora do Bom Parto, santa de bondade e poder, rogai por nós.

Cordeiro de Deus, que tirais os pecados do mundo, perdoai-nos, Senhor.

Cordeiro de Deus, que tirais os pecados do mundo, atendei-nos, Senhor.

Cordeiro de Deus, que tirais os pecados do mundo, tende piedade de nós, Senhor.

Jesus Cristo, ouvi-nos.

Jesus Cristo, atendei-nos.

Rogai por nós, Nossa Senhora do Bom Parto;

Para que sejamos dignos das promessas de Cristo.

3
Nossa Senhora Rosa Mística

3.1 Histórico da devoção a Nossa Senhora Rosa Mística

Em Fontanelle, vilarejo da cidade Montichiari, na Itália, em torno de 1946, Nossa Senhora apareceu para uma enfermeira chamada Pierina Gilli. Na visão da enfermeira, Nossa Senhora trajava uma túnica púrpura e um véu branco. Em seu peito, três espadas cravavam o coração e seu rosto demonstrava profunda tristeza. Nossa Senhora disse à enfermeira: "Oração, penitência e expiação".

Em segunda aparição, Nossa Senhora apresentava-se com três rosas no local onde estavam as espadas: uma branca, uma rosa e uma dourada, e pediu oração pelos sacerdotes.

Pierina teve outras "visões" com Nossa Senhora e ela sempre pedia oração, penitência, cuidado para com as instituições religiosas e as vocações sacerdotais. Em uma das aparições, Nossa Senhora manifestou o desejo de ser venerada como Nossa Senhora

Rosa Mística, decretando que o dia 13 de julho fosse dedicado à Rosa Mística. Decretou que o meio-dia do dia 8 de dezembro, Festa da Imaculada Conceição, fosse considerado como a "Hora da Graça Universal". Foram várias as mensagens recebidas por Pierina neste primeiro período das aparições, ficando, em seguida, 13 anos sem que Pierina recebesse novas mensagens.

Em 1960, Nossa Senhora Rosa Mística volta a se manifestar e, em 14 de abril de 1966, ela diz: "Meu divino Filho Jesus Cristo, envia-me mais uma vez sobre a terra de Montichiari, a fim de levar muitas graças para toda humanidade. A fonte deste local se tornará milagrosa. A partir deste domingo (17 de abril), os doentes devem ser levados até esta fonte e você deverá, em primeiro lugar, oferecer esta água para que bebam e, em seguida, lavar as chagas deles. De agora em diante, essa será sua nova missão de ação e de apóstola, não mais escondida e nem mais afastada da comunidade".

O poder da oração a Maria

Desde então, Nossa Senhora apareceu muitas vezes, fazendo grandes pedidos à enfermeira Pierina. Em 23 de novembro de 1975, Nossa Senhora fala sobre as imagens dela que deveriam ser "bentas" em Fontanelle e remetidas ao mundo. Pede orações pela família e pelo Brasil.

No Brasil, em 12 de fevereiro de 1988, Nossa Senhora veio se manifestando quase que diariamente em São José dos Pinhais (Paraná), com o título de Rosa Mística – Rainha da Paz, a Alceu Paz Martins Júnior e Eduardo Ferreira, na chácara Arca da Aliança.

Em 1999, o Arcanjo Gabriel revelou aos dois rapazes que, em São José dos Pinhais, colocaria nas mãos da imagem de Nossa Senhora Mística uma eucaristia. Segundo a tradição, em 31 de dezembro de 2000, durante uma missa celebrada no local das aparições, diante de 17 testemunhas, este milagre aconteceu.

3.2 Novena de Nossa Senhora Rosa Mística

1º dia

Iniciemos com fé este primeiro dia de nossa novena, invocando a Santíssima Trindade: em nome do Pai, do Filho e do Espírito Santo. Amém.

Leitura do Evangelho: Lc 24,44-49

> [...] Depois lhes disse: "Isto é o que vos dizia enquanto ainda estava conosco: é preciso que se cumpra tudo o que está escrito na Lei de Moisés, nos profetas e nos salmos a meu respeito". Então Jesus abriu-lhes a inteligência para compreenderem as Escrituras e lhes disse: "Assim estava escrito que o Cristo haveria de sofrer e ao terceiro dia ressuscitar dos mortos e, começando por Jerusalém, em seu nome seria pregada a todas as nações a conversão para o perdão dos pecados. Vós sois testemunhas disso. Eu vos mandarei aquele que meu Pai prometeu. Por isso, permanecei na ci-

dade até que sejais revestidos da força do alto".

Reflexão

O Evangelista Lucas refere-se ao aparecimento de Jesus para os apóstolos que, ao se assustarem, achando que estavam vendo um espírito, Jesus diz que sua Paixão e Ressurreição estavam previstas no plano divino para que, em seu nome, se pregassem a penitência e a remissão dos pecados a todos. E essa também é a intenção de Nossa Senhora Rosa Mística, que propaguemos com fé os ensinamentos de Jesus.

Oração

Nossa Senhora Rosa Mística, ajudai-me a propagar cada vez mais os ensinamentos de vosso amado Filho. Envolvei-me com vosso consolo, ajudando-me nesta hora de aflição... [falar a graça que se pretende alcançar].

Pai-nosso.

Ave-Maria.

Glória-ao-Pai.

Nossa Senhora Rosa Mística, intercedei por nós.

2ª dia

Iniciemos com fé este segundo dia de nossa novena, invocando a presença da Santíssima Trindade: em nome do Pai, do Filho e do Espírito Santo. Amém.

Leitura do Evangelho: Jo 14,13-14

> O que pedirdes em meu nome eu o farei, para que o Pai seja glorificado no Filho. Se me pedirdes alguma coisa em meu nome, eu o farei.

Reflexão

Com essa passagem do Evangelho de João, estamos diante do mistério da encarnação. Vamos ver no nascimento de Jesus toda a glória e poder de Deus. Em nossos momentos de oração, entreguemos nossos problemas, aflições nas mãos de Nossa Senhora, mãe de Jesus, Filho de Deus, e teremos paz em nossos corações.

Oração

Maria, Rosa Mística, em vossas mãos entrego minhas angústias. Socorrei-me nesta difícil fase que estou passando em minha vida... [falar os fatos que afligem].

Pai-nosso.

Ave-Maria.

Glória-ao-Pai.

Nossa Senhora Rosa Mística, intercedei por nós.

3º dia

Iniciemos com fé este terceiro dia de nossa novena, invocando a presença da Santíssima Trindade: em nome do Pai, do Filho e do Espírito Santo. Amém.

Leitura do Evangelho: Mt 11,28-30

Vinde a mim vós todos, que estais cansados e sobrecarregados, e eu vos darei descanso. Tomai sobre vós o meu jugo e aprendei de mim que sou manso e humilde de coração, e achareis descanso para vossas almas. Pois meu jugo é suave e meu peso é leve.

Reflexão

Nossa vida está em Deus. E a vida se expressa no amor, no amor de Jesus por nós, que revitaliza nosso corpo e nosso espírito. Ele nos oferece o alívio para nossas preocupações e angústias. Para isso basta entregar nossa vida a Ele.

Oração

Nossa Senhora Rosa Mística, que todas as pessoas possam experimentar o amor de vosso amado Filho Jesus. Hoje entrego minha vida nas mãos de Jesus e em vossas mãos. Atendei, Nossa Senhora Rosa Mística, o

O poder da oração a Maria

pedido especial que faço nesta novena... [fazer o pedido].

    Pai-nosso.

    Ave-Maria.

    Glória-ao-Pai.

    Nossa Senhora Rosa Mística, intercedei por nós.

4º dia

Iniciemos com fé este quarto dia de nossa novena, invocando a presença da Santíssima Trindade: em nome do Pai, do Filho e do Espírito Santo. Amém.

Leitura do Evangelho: Jo 15,7

> Se permanecerdes em mim e minhas palavras permanecerem em vós, pedireis tudo o que quiserdes, e vos será dado.

Reflexão

Permanecemos em Deus quando seguimos seus ensinamentos, suas palavras. Amar a Deus significa seguir seus mandamentos e, agindo assim, podemos pedir tudo a Deus na certeza de que na hora certa seremos atendidos.

Oração

Maria, Rosa Mística, ajudai-me a estar sempre no caminho indicado por Jesus. Concedei-me a graça de que, no momento, tanto necessito... [falar a graça que se deseja alcançar].

Pai-nosso.

Ave-Maria.

Glória-ao-Pai.

Nossa Senhora Rosa Mística, intercedei por nós.

5º dia

Iniciemos com fé este quinto dia de nossa novena, invocando a presença da Santíssima Trindade: em nome do Pai, do Filho e do Espírito Santo. Amém.

O poder da oração a Maria

Leitura do Evangelho: Jo 8,11

[...] Vai, e de agora em diante não peques.

Reflexão

Essa passagem do Evangelho de João trata do perdão dado por Jesus à mulher adúltera. Ele a perdoou, dando uma oportunidade para que ela começasse de novo. Nós todos temos a oportunidade de recomeço, basta decidir por uma nova caminhada dentro dos ensinamentos e amor de Jesus.

Oração

Nossa Senhora Rosa Mística, rainha da paz, intercedei junto a vosso Filho, dando-me força para tomar a decisão de enfrentar uma nova caminhada e ajudai-me a obter a graça que a vós suplico... [pede-se a graça].

Pai-nosso.

Ave-Maria.

Glória-ao-Pai.

Nossa Senhora Rosa Mística, intercedei por nós.

6º dia

Iniciemos com fé este sexto dia de nossa novena, invocando a presença da Santíssima Trindade: em nome do Pai, do Filho e do Espírito Santo. Amém.

Leitura do Evangelho: Mc 2,17

> [...] Não são os que têm saúde que precisam de médico, e sim os enfermos. Não vim chamar os justos, mas os pecadores.

Reflexão

Todos precisamos da presença divina em nossas vidas, mas os enfermos e os pecadores são os que mais necessitam. Todos nós somos convidados a deixar nossos problemas ao pé da cruz e confiar nele.

Oração

Nossa Senhora Rosa Mística, mãe da misericórdia, dai-nos uma fé forte em vós e em vosso Filho. Ajudai-me a entregar minha vida a vós e a Ele e intercedei para o alcance da graça de que tanto necessito... [pede-se a graça a ser alcançada].

Pai-nosso.

Ave-Maria.

Glória-ao-Pai.

Nossa Senhora Rosa Mística, intercedei por nós.

7º dia

Iniciemos com fé este sétimo dia de nossa novena, invocando a presença da Santíssima Trindade: em nome do Pai, do Filho e do Espírito Santo. Amém.

Leitura bíblica: Sl 25,4-5

> Revela-me, Senhor, teus caminhos, ensina-me tuas veredas! / Dirige-me no caminho por tua verdade e me ensina,

porque Tu és o Deus de minha salvação,
e em ti espero todo o dia.

Reflexão

Essa leitura bíblica é uma confiança e entrega total a Deus. Frequentemente, nós sentimos que não podemos suportar as provações sozinhos, mas Deus conhece essas dificuldades antes mesmo de pedirmos. A certeza disso sempre nos aumenta a esperança.

Oração

Nossa Senhora Rosa Mística, eu vos agradeço pelo amor incondicional de vosso Filho pela humanidade. Eu vos peço que me ensines a ver cada dia como uma dádiva de Deus. A vós peço também o alcance da graça de que tanto necessito... [falar a graça que se quer alcançar].

Pai-nosso.

Ave-Maria.

Glória-ao-Pai.

Nossa Senhora Rosa Mística, intercedei por nós.

8ª dia

Iniciemos com fé este oitavo dia de nossa novena, invocando a presença da Santíssima Trindade: em nome do Pai, do Filho e do Espírito Santo. Amém.

Leitura bíblica: Sl 46,2

> Deus é para nós refúgio e força, um auxílio sempre disponível na angústia.

Reflexão

Deus não nos causa tristezas, angústias. Ele não nos abandona. Ele é nosso conforto, consolo, refúgio e força. Busquemos sempre auxílio nele para superar nossas dores.

Oração

Nossa Senhora Rosa Mística, auxiliai-me a ter firmes alicerces em minha fé em Deus e em vós. Concedei-me vossa constante proteção e ajudai-me no alcance da graça que a vós suplico... [falar a graça que se deseja alcançar].

Pai-nosso.

Ave-Maria.

Glória-ao-Pai.

Nossa Senhora Rosa Mística, intercedei por nós.

9º dia

Iniciemos com fé este nono dia de nossa novena, invocando a presença da Santíssima Trindade: em nome do Pai, do Filho e do Espírito Santo. Amém.

Nossa Senhora Rosa Mística, a vós pedimos:

• *Que nos tornemos fiéis a vós e alegres portadores da paz por vós anunciada.*

• *Pelos peregrinos que visitam vosso santuário.*

• *Por todos que percorrem o caminho da conversão e oração.*

• *Pelas instituições religiosas.*

• *Pelas vocações sacerdotais.*

• *Pelos videntes que receberam vossas mensagens.*

• Que nos ajudeis a estar sempre no caminho do bem, da verdade, da justiça, da paz, da caridade e da esperança.

• Que nos ajudeis a crer na mensagem de Jesus e em vossas mensagens.

• Que nos ajudeis na luta pelo bem-estar de todos.

• Que nos ajudeis a perdoar e a reconciliar.

Nossa Senhora Rosa Mística, neste último dia de nossa novena, agradecemos a vós:

• Por vossas aparições na Itália e no Brasil.

• Por nos indicar o caminho da salvação.

• Por nos apresentar em vossas mensagens que a oração é uma relação de aliança entre Deus e o homem em Cristo, por isso a importância de se orar constantemente.

• Por todas as graças por nós alcançadas ou a serem alcançadas.

Oração

Rosa Mística, em honra de vosso divino Filho, nos prostramos diante de vós, implo-

rando a misericórdia de Deus na concessão da graça... [falar a graça que se deseja alcançar] com a certeza de que haveis de nos atender. Amém.

Pai-nosso.

Ave-Maria.

Glória-ao-Pai.

Nossa Senhora Rosa Mística, intercedei por nós.

3.3 Oração a Nossa Senhora Rosa Mística

Rosa Mística, Virgem Imaculada, mãe da graça.

Ajoelhamo-nos diante de vós, implorando a misericórdia de Deus.

Nós vos pedimos que concedais ao mundo paz, proteção e graça.

Maria, Rosa Mística, rogai por nós.

O poder da oração a Maria

3.4 Ladainha de Nossa Senhora Rosa Mística

Senhor, tende piedade de nós.

Jesus Cristo, tende piedade de nós.

Senhor, tende piedade de nós.

Jesus Cristo, ouvi-nos.

Jesus Cristo, atendei-nos.

Pai celeste, que sois Deus, tende piedade de nós.

Deus Filho, redentor do mundo, tende piedade de nós.

Deus Espírito Santo, tende piedade de nós.

Santíssima Trindade, que sois um só Deus, tende piedade de nós.

Santa Maria, rogai por nós.

Nossa Senhora Rosa Mística, rogai por nós.

Nossa Senhora Rosa Mística, mãe de Deus, rogai por nós.

Nossa Senhora Rosa Mística, mãe de Jesus Cristo, rogai por nós.

Nossa Senhora Rosa Mística, mãe da divina graça, rogai por nós.

Nossa Senhora Rosa Mística, mãe santíssima, rogai por nós.

Nossa Senhora Rosa Mística, mãe da misericórdia, rogai por nós.

Nossa Senhora Rosa Mística, mãe nossa, rogai por nós.

Nossa Senhora Rosa Mística, mãe da Igreja, rogai por nós.

Nossa Senhora Rosa Mística, mãe querida, rogai por nós.

Nossa Senhora Rosa Mística, mãe da vida, rogai por nós.

Nossa Senhora Rosa Mística, rainha da paz, rogai por nós.

Nossa Senhora Rosa Mística, rainha do santo rosário, rogai por nós.

Nossa Senhora Rosa Mística, rainha dos apóstolos, rogai por nós.

Nossa Senhora Rosa Mística, protetora dos religiosos e das instituições religiosas, rogai por nós.

Nossa Senhora Rosa Mística, auxiliadora nos momentos de aflição, rogai por nós.

Nossa Senhora Rosa Mística, mãe da esperança, rogai por nós.

Nossa Senhora Rosa Mística, rainha do céu, rogai por nós.

Cordeiro de Deus, que tirais o pecado do mundo, rogai por nós.

Cordeiro de Deus, que tirais o pecado do mundo, atendei-nos, Senhor.

Cordeiro de Deus, que tirais o pecado do mundo, tende piedade de nós, Senhor.

Jesus Cristo, ouvi-nos.

Jesus Cristo, atendei-nos.

Rogai por nós, Nossa Senhora Rosa Mística,
Para que sejamos dignos das promessas de Cristo.

3.5 Terço das Lágrimas de Maria Rosa Mística

Rezar todos os dias e distribuí-lo em obtenção da paz.

Na cruz, reza-se:

Jesus crucificado! Ajoelhados aos vossos pés nós vos oferecemos as lágrimas de sangue daquela que vos acompanhou no vosso caminho sofredor da cruz, com imenso amor participante.

Fazei, ó bom Mestre, com que apreciemos as lições que nos dão as lágrimas de sangue da vossa Mãe Santíssima, a fim de que cumpramos a vossa santíssima vontade aqui na terra, de tal modo que sejamos dignos de louvar-vos no céu por toda a eternidade. Amém.

Em vez do Pai-nosso, reza-se sete vezes:

Ó Jesus, olhai para as lágrimas de sangue daquela que mais vos amou no mundo e vos ama mais intensamente no céu.

Em vez da Ave-Maria, reza-se sete vezes:

Ó Jesus, atendei as nossas súplicas em virtude das lágrimas de sangue da vossa Mãe Santíssima.

Ao terminar o terço, repete-se três vezes:

Ó Jesus, olhai para as lágrimas de sangue daquela que mais vos amou no mundo e vos ama mais intensamente no céu.

Após as três últimas invocações, reza-se:

Ó Maria, mãe de amor, das dores e de misericórdia, nós vos suplicamos: uni as vossas súplicas às nossas a fim de que Jesus, vosso divino Filho, a quem nos dirigimos, em nome das vossas lágrimas maternais de sangue, atenda às nossas súplicas e se digne conceder-nos as graças pelas quais vos suplicamos... [pedir as graças a serem alcançadas].

Que as vossas lágrimas de sangue, ó mãe de Deus, destruam as forças malignas. Pela vossa mansidão divina, ó Jesus crucificado, preservai o mundo da perda ameaçadora.

4
Nossa Senhora do Carmo

4.1 Histórico da devoção a Nossa Senhora do Carmo

No dia 16 de julho, a Igreja Católica comemora o dia de Nossa Senhora do Carmo, um título da Virgem Maria que remonta ao século XIII, quando, no Monte Carmelo, na Palestina, começou a formar-se um grupo de eremitas seguidores do Profeta Elias. Esse monte era conhecido na época como "Monte Santo", pois ali se deu o embate entre o Profeta Elias e os sacerdotes de Baal, o deus dos judeus. Javé enviou o fogo do céu, queimando os altares de Baal, erigidos sobre o Monte Carmelo.

A tradição mostrou que vários profetas prestaram o culto a Deus nesta montanha, entre eles, o Profeta Elias. E, neste local, o grupo de eremitas, seguidor de Elias, reuniu-se ao redor de uma fonte chamada "fonte de Elias".

Ainda segundo a tradição, estes eremitas construíram uma pequena capela dedicada a Nossa Senhora, que, mais tarde, seria cha-

Nossa Senhora do Carmo

mada capela de Nossa Senhora do Carmelo e, com o passar dos anos, capela Nossa Senhora do Carmo.

Segundo a tradição, este grupo de eremitas, devido ao lugar onde se reunia (Monte Carmelo), passou a ser conhecido como "carmelita" e construiu um convento sob a invocação de Nossa Senhora do Carmelo. Essa agremiação religiosa, quando expulsa devido a invasões islâmicas, se retirou para a Europa sob o nome de Irmãos de Nossa Senhora do Monte Carmelo. Na Europa, a agremiação religiosa passou por muitas dificuldades e, durante suas orações, o superior da Ordem, São Simão Stock, suplicou a Nossa Senhora que enviasse um sinal de proteção. Atendendo ao pedido, Nossa Senhora enviou um escapulário para defendê-los nos momentos de perigo.

A palavra escapulário vem de "scapulas" e significa ombros. Dois pedaços de pano, um estampando a imagem de Nossa Senhora do

O poder da oração a Maria

Carmo e o outro, a do Sagrado Coração de Jesus, são unidos por um cordão. O escapulário protege quem o usa. São Simão Stock, ao recebê-lo, recebeu também ordens de Nossa Senhora do Carmo para divulgar tanto o escapulário como também a Virgem do Carmelo ou Virgem do Carmo e, assim, Nossa Senhora do Carmo tornou-se também conhecida como a Virgem do Escapulário.

Entre os muitos milagres de Nossa Senhora do Carmo, ficou muito conhecido um que aconteceu em Mato Grosso, na época da Guerra do Paraguai. No forte de Coimbra aproximaram-se 13 navios e 3.200 homens armados para subjugar uma pequena tropa brasileira. Enquanto o comandante brasileiro reunia apressadamente os soldados, a esposa dele rezava, implorando o socorro de Nossa Senhora do Carmo. Os soldados lutavam bravamente e, num gesto decidido, a esposa do comandante ordenou a um dos soldados que subisse ao alto da muralha expondo a imagem de Nossa Senhora do Carmo. Surpreendidos, os devotos paraguaios de Nossa Senhora do Carmo baixaram os fuzis e deram vivas a Nossa Senhora do Carmo. Durante a noite, com os inimigos em trégua, sob o efeito da aparição repentina da imagem de Nossa Senhora do Carmo na muralha, os brasileiros se retiraram, levando a bordo a imagem milagrosa, e a tropa não sofreu nenhuma perda.

Nossa Senhora do Carmo é considerada a protetora dos pescadores, marinheiros e de todas as profissões relacionadas ao mar. É representada sentada, com o Menino Jesus sobre os joelhos, entregando o escapulário a São Simão Stock, vestido com hábito de frade carmelita. Em algumas imagens, a Virgem Maria está de pé, vestida de freira carmelita, mas com os cabelos soltos, sem o véu, e tem em seu braço esquerdo o Menino Jesus. Ambos seguram, com a mão direita, o escapulário com o brasão da Ordem do Monte Carmelo.

4.2 Novena de Nossa Senhora do Carmo

1º dia

Iniciemos com fé este primeiro dia de nossa novena, invocando a presença da Santíssima Trindade: em nome do Pai, do Filho e do Espírito Santo. Amém.

Leitura do Evangelho: Lc 1,43

> Donde me vem a honra que a mãe do meu Senhor venha a mim?

Reflexão

Maria, Nossa Senhora, é a mãe de Jesus, mãe de Deus, Mãe do Nosso Senhor. A devoção a Maria nos leva a Deus. Segundo o plano divino, em Maria, tudo se refere a Cristo e tudo depende dele. Ela derrama suas bênçãos sobre nós e fornece luz para resolver os problemas mais difíceis. Assim como Maria foi até sua prima Isabel, virá até nós, basta orarmos e invocá-la.

Oração

Nossa Senhora do Carmo, vós que, durante séculos, fostes honrada no Monte Carmelo pelo Profeta Elias e seus sucessores, fazei com que, em minha família, se tornem cada vez mais presentes os ensinamentos de vosso Filho Jesus. Ajudai-me no alcance da graça que a vós suplico... [falar a graça que se deseja alcançar].

3 Ave-Marias.

Salve-Rainha.

Seja por todos bendita a mãe de Deus, Santa Virgem do Carmelo! Sejamos por ela abençoados na terra e no céu! Amém. Nossa Senhora do Carmo, rogai por nós.

2º dia

Iniciemos com fé este segundo dia de nossa novena, invocando a presença da Santíssima Trindade: em nome do Pai, do Filho e do Espírito Santo. Amém.

Leitura do Evangelho: Jo 2,5

Sua mãe disse aos que estavam servindo: "Fazei tudo o que Ele vos disser".

Reflexão

Essa é a última palavra de Maria relatada na Bíblia. É isso que Nossa Senhora quer de nós – que escutemos Jesus e que coloquemos em prática seus ensinamentos.

Oração

Nossa Senhora do Carmo, rainha do Carmelo, vós que consolastes tantas pessoas no Monte Carmelo, concedendo-lhes graças, ajudai-me a ficar sempre perto de vós e de vosso amado Filho. Concedei-me a graça de que neste momento tanto necessito... [falar a graça que se deseja alcançar].

3 Ave-Marias.

Salve-Rainha.

Seja por todos bendita a mãe de Deus, Santa Virgem do Carmelo! Sejamos por ela abençoados na terra e no céu! Amém. Nossa Senhora do Carmo, rogai por nós.

3º dia

Iniciemos com fé este terceiro dia de nossa novena, invocando a presença da Santíssima Trindade: em nome do Pai, do Filho e do Espírito Santo. Amém.

Leitura do Evangelho: Jo 19,26-27

> Vendo a mãe e, perto dela, o discípulo a quem amava, Jesus disse para a mãe: "Mulher, aí está o teu filho". Depois disse para o discípulo: "Aí está a tua mãe". E desde aquela hora o discípulo tomou-a sob os seus cuidados.

Reflexão

Nessa passagem do Evangelho, o Evangelista João menciona que, nas horas finais de Jesus, Ele apresenta sua mãe, Maria, como mãe de João, seu discípulo, e, assim, mãe de todos os cristãos, seguidores de seus ensinamentos. E João tomou-a sob seus cuidados. Vamos seguir o exemplo de João e permitir que ela também faça parte diariamente de nossas vidas. Pela oração, conversemos com Nossa Senhora.

Oração

Nossa Senhora do Carmo, rainha do Carmelo, após suas aparições no Monte Carmelo, seus filhos abraçaram o Evangelho e o anunciaram a todos e a vós consagraram o primeiro templo em vossa honra. Socorrei a todos os religiosos que pregam a palavra de vosso amado Filho e socorrei-me no alcance da graça de que tanto necessito... [falar a graça que se deseja alcançar].

3 Ave-Marias.

Salve-Rainha.

Seja por todos bendita a mãe de Deus, Santa Virgem do Carmelo! Sejamos por ela abençoados na terra e no céu! Amém. Nossa Senhora do Carmo, rogai por nós.

4º dia

Iniciemos com fé este quarto dia de nossa novena, invocando a presença da Santíssima

Nossa Senhora do Carmo

Trindade: em nome do Pai, do Filho e do Espírito Santo. Amém.

Leitura do Evangelho: Mt 17,5

> [...] Ele estava ainda falando quando uma nuvem brilhante os envolveu e da nuvem se fez ouvir uma voz que dizia: "Este é o meu Filho amado, de quem eu me agrado, escutai-o".

Reflexão

"Escutai-o", esse é o pedido de Deus aos apóstolos Pedro, Tiago e João. Eles acataram o pedido divino. E nós, ouvimos o chamado de Deus em nossas vidas? Rezemos a Nossa Senhora do Carmo para escutarmos seu Filho.

Oração

Nossa Senhora do Carmo, nós vos suplicamos a graça de nos ajudar a escutar Deus e viver na fidelidade de seus ensinamentos. Eu ponho em vós toda a minha confiança e espero alcançar a graça que vos peço... [falar a graça que se deseja alcançar].

O poder da oração a Maria

3 Ave-Marias.
Salve-Rainha.
Seja por todos bendita a mãe de Deus, Santa Virgem do Carmelo! Sejamos por ela abençoados na terra e no céu! Amém. Nossa Senhora do Carmo, rogai por nós.

5º dia

Iniciemos com fé este quinto dia de nossa novena, invocando a presença da Santíssima Trindade: em nome do Pai, do Filho e do Espírito Santo. Amém.

Leitura do Evangelho: Lc 1,45

Feliz é aquela que teve fé no cumprimento do que lhe foi dito da parte do Senhor.

Reflexão

Maria, concordando com o chamado de Deus, participou de maneira muito especial em toda a humanidade. Que Nossa Senhora nos dê muita fé, que nos faça pertencer mais a Deus, porque o seu sim a Ele muito nos ajudou.

Oração

Nossa Senhora do Carmo, mãe poderosa, vós que tendes concedido tantas graças, recorro-vos neste momento de grande aflição em minha vida... [falar a situação vivenciada e falar a graça que se deseja alcançar].

3 Ave-Marias.

Salve-Rainha.

Seja por todos bendita a mãe de Deus, Santa Virgem do Carmelo! Sejamos por ela abençoados na terra e no céu! Amém. Nossa Senhora do Carmo, rogai por nós.

6º dia

Iniciemos com fé este sexto dia de nossa novena, invocando a presença da Santíssima Trindade: em nome do Pai, do Filho e do Espírito Santo. Amém.

O poder da oração a Maria

Leitura do Evangelho: Lc 1,48-49

> [...] Porque olhou para a humildade de sua serva. Eis que de agora em diante me chamarão feliz todas as gerações, porque o Poderoso fez por mim grandes coisas [...].

Reflexão

Maria é a filha predileta do Pai, que a escolheu por mãe. Ela é "bendita" e, na sua humildade, se fez de serva por amor ao Poderoso. Peçamos a Nossa Senhora que nos ajude a não perder a humildade em qualquer situação e a reconhecer as grandes coisas que Deus fez por nós até hoje.

Oração

Nossa Senhora do Carmo, virgem do escapulário, vós que fizestes grandes milagres com o vosso escapulário, protegei-me nesta hora de grande aflição, alcançando-me a graça que vos peço... [falar a graça que se deseja alcançar].

3 Ave-Marias.

Salve-Rainha.

Seja por todos bendita a mãe de Deus, Santa Virgem do Carmelo! Sejamos por ela abençoados na terra e no céu! Amém. Nossa Senhora do Carmo, rogai por nós.

7º dia

Iniciemos com fé este sétimo dia de nossa novena, invocando a presença da Santíssima Trindade: em nome do Pai, do Filho e do Espírito Santo. Amém.

Leitura do Evangelho: Jo 15,4-5

> Permanecei em mim e eu permanecerei em vós. O ramo não pode dar fruto por si mesmo se não permanecer na videira. Assim também vós, se não permanecerdes em mim. Eu sou a videira, vós os ramos. Quem permanece em mim, e eu nele, dá muito fruto, porque sem mim nada podeis fazer.

Reflexão

O importante na vida não é só encontrar Jesus e sim permanecer nele. E para isso é necessário seguir os preceitos divinos, colocando-os diariamente em prática. E Nossa Senhora pode nos ajudar a permanecer em Cristo, aumentando nossa fé e esperança. Oremos a ela.

Oração

Nossa Senhora do Carmo, mãe querida, ajudai-me a ficar cada vez mais perto de Deus, tendo fé, esperança e amor. Ajudai-me a confiar cada vez mais nele e em vós. Levai minha súplica a Ele, ajudando-me a alcançar a graça que suplico... [falar a graça que se deseja alcançar].

3 Ave-Marias.

Salve-Rainha.

Seja por todos bendita a mãe de Deus, Santa Virgem do Carmelo! Sejamos por ela abençoados na terra e no céu! Amém. Nossa Senhora do Carmo, rogai por nós.

Nossa Senhora do Carmo

8º dia

Iniciemos com fé este oitavo dia de nossa novena, invocando a presença da Santíssima Trindade: em nome do Pai, do Filho e do Espírito Santo. Amém.

Leitura bíblica: Sl 88,1-4

Senhor, Deus da minha salvação, de dia e de noite clamo diante de ti. Chegue a tua presença minha oração, presta ouvidos ao meu clamor! Pois minha alma está saturada de desgraças, minha vida está à beira do túmulo.

Reflexão

Nesse salmo o Rei Davi ora a Deus com humildade e amor. É assim que devemos rezar, com amor, com humildade, expondo nossa vida ao Senhor. E Nossa Senhora é o exemplo de humildade e amor perante Jesus. E, por meio dela, podemos recuperar o sentido da fé e do amor e, como Nossa Senhora, dizer "sim" a Deus. A oração para Nossa Senhora é uma aproximação nossa com Deus; ela intercede por nós que tanto necessitamos de socorro espiritual.

Oração

Nossa Senhora do Carmo, refúgio e advogada dos pecadores, sei que posso contar convosco sempre. Ajudai-me no alcance da graça que, no momento, a vós suplico... [falar a graça que se deseja alcançar].

3 Ave-Marias.

Salve-Rainha.

Seja por todos bendita a mãe de Deus, Santa Virgem do Carmelo! Sejamos por ela abençoados na terra e no céu! Amém. Nossa Senhora do Carmo, rogai por nós.

9º dia

Iniciemos com fé este nono dia de nossa novena, invocando a presença da Santíssima Trindade: em nome do Pai, do Filho e do Espírito Santo. Amém.

Nossa Senhora do Carmo

Virgem do Carmo,

Séculos antes do vosso nascimento, o Profeta Elias prognosticou a vossa presença numa misteriosa nuvenzinha que apareceu no Mar do Carmelo e, em seguida, cobriu de chuva o Monte Carmelo. A vós pedimos, Virgem do Carmo, que vos digneis a atrair para nós uma chuva de graças de que tanto necessitamos...

Virgem do Carmo,

No Monte Carmelo vários sucessores de Elias, chamados filhos dos profetas, viveram com grande fé em vós. Fazei com que também reine em nossas famílias uma grande devoção a vós e a vosso Filho.

Virgem do Carmo,

Vós que visitastes seus devotos no Monte Carmelo, consolai-nos com vossa presença espiritual, humildes devotos vossos.

Virgem do Carmo,

Multiplicai os missionários e fazei com que eles convertam pessoas para seguirem o Evangelho de vosso amado Filho.

O poder da oração a Maria

Virgem do Carmo,

Protegei-nos contra os inimigos do corpo e da alma.

Virgem do Carmo,

Nós vos agradecemos pelo vosso escapulário, porque todos que o usam são protegidos nos perigos. Concedei-nos a graça de usá-lo sempre com muita devoção.

Virgem do Carmo,

Eu vos agradeço por todas as graças que vier a alcançar. Em vós tenho fé e esperança. Volvei sobre mim sua maternal proteção, alcançando-me a graça de que tanto necessito... [fazer o pedido].

3 Ave-Marias.

Salve-Rainha.

Seja por todos bendita a mãe de Deus, Santa Virgem do Carmelo! Sejamos por ela abençoados na terra e no céu! Amém. Nossa Senhora do Carmo, rogai por nós.

4.3 Orações a Nossa Senhora do Carmo

Oração 1

Ó Bendita e Imaculada Virgem Maria, honra e esplendor do Carmelo! Vós que olhais com especial bondade para quem traz o vosso bendito escapulário olhai para mim benignamente e cobri-me com o manto de vossa maternal proteção. Fortificai minha fraqueza com vosso poder, iluminai as trevas do meu espírito com a vossa sabedoria, aumentai em mim a fé, a esperança e a caridade. Ornai minha alma com as graças e as virtudes que a tornem agradável ao vosso divino Filho. Assisti-me durante a vida, consolai-me na hora da morte com a vossa amável presença e apresentai-me à Santíssima Trindade como vosso filho e servo dedicado. E, lá no céu, eu quero louvar-vos e bendizer-vos por toda eternidade. Nossa Senhora do Carmo, rogai por nós. Amém.

3 Ave-Marias.

Oração 2

Senhora do Carmo, refúgio e advogada dos pecadores, com confiança eu me prostro *diante de vós, suplicando-vos que obtenhais a graça de que tanto necessito... [falar a graça que se quer alcançar]. Em reconhecimento, prometo recorrer a vós em todas as minhas dificuldades, sofrimentos e tentações e farei tudo que ao meu alcance estiver, a fim de induzir outros a amar-vos, reverenciar-vos e invocar-vos em todas as necessidades. Agradeço-vos as graças já recebidas por vossa intercessão. Continuai a ser meu escudo nos perigos, minha guia na vida e minha consolação na hora da morte. Amém.*

Ó Senhora do Carmo, rogai por nós que recorremos a vós.

Oração 3

Nossa Senhora do Carmo,

Nas dificuldades, ajudai-me.

Dos inimigos, salvai-me.

Em meus desacertos, iluminai-me.

Em minhas dúvidas e penas, confortai-me.

Em minhas enfermidades, fortalecei-me.

Quando sou desprezado, animai-me.

Nas tentações, defendei-me.

Em horas difíceis, consolai-me.

Com vosso coração maternal, amai-me.

Com vosso imenso poder, protegei-me.

E, em vossos braços, ao expirar, rece-bei-me.

Virgem do Carmo, rogai por nós.

Amém.

4.4 Ladainha de Nossa Senhora do Carmo

Senhor, tende piedade de nós.

Jesus Cristo, tende piedade de nós.

Senhor, tende piedade de nós.

Deus Pai celestial, tende piedade de nós.

Deus Filho, redentor do mundo, tende pie-dade de nós.

Deus Espírito Santo, tende piedade de nós.

Santíssima Trindade, que sois um só Deus, tende piedade de nós.

Santa Maria, rogai por nós.

Nossa Senhora do Carmo, mãe de Jesus, rogai por nós.

Nossa Senhora do Carmo, Senhora do Monte Carmelo, rogai por nós.

Nossa Senhora do Carmo, protetora dos pescadores, rogai por nós.

Nossa Senhora do Carmo, protetora dos marinheiros, rogai por nós.

Nossa Senhora do Carmo, mãe da misericórdia, rogai por nós.

Nossa Senhora do Carmo, mãe da esperança, rogai por nós.

Nossa Senhora do Carmo, mãe da graça, rogai por nós.

Nossa Senhora do Carmo, protetora dos carmelitas, rogai por nós.

Nossa Senhora do Carmo, virgem do escapulário, rogai por nós.

Nossa Senhora do Carmo, refúgio dos pecadores, rogai por nós.

Nossa Senhora do Carmo, senhora nossa, rogai por nós.

Nossa Senhora do Carmo, mãe poderosa, rogai por nós.

Nossa Senhora do Carmo, mãe imaculada, rogai por nós.

Nossa Senhora do Carmo, mãe querida, rogai por nós.

Nossa Senhora do Carmo, mãe do céu, rogai por nós.

Nossa Senhora do Carmo, mãe piedosa, rogai por nós.

Nossa Senhora do Carmo, consolo nas tristezas, rogai por nós.

Nossa Senhora do Carmo, fortaleza nossa, rogai por nós.

Nossa Senhora do Carmo, mãe da paz, rogai por nós.

Nossa Senhora do Carmo, mãe do amparo, rogai por nós.

Nossa Senhora do Carmo, consoladora dos aflitos, rogai por nós.

Cordeiro de Deus, que tirais os pecados do mundo, perdoai-nos, Senhor.

O poder da oração a Maria

Cordeiro de Deus, que tirais os pecados do mundo, ouvi-nos, Senhor.

Cordeiro de Deus, que tirais os pecados do mundo, tende piedade de nós, Senhor.

Jesus Cristo, ouvi-nos.

Jesus Cristo, atendei-nos.

Rogai por nós, Nossa Senhora do Carmo, rainha do Carmelo,

Para que sejamos dignos das promessas de Cristo.

5
Nossa Senhora das Graças
Virgem da Medalha Milagrosa

5.1 Histórico

Em 1830 Nossa Senhora apareceu, em Paris, a Catarina Labouré, uma jovem religiosa, e lhe ensinou a devoção da medalha milagrosa.

Catarina nasceu em 1808, em família camponesa numerosa, numa época em que a França enfrentava as guerras napoleônicas e o liberalismo anticlerical. Ficando órfã de mãe, ajudou a cuidar dos irmãos menores e, depois, resolveu entrar para o convento das Irmãs Vicentinas, cuja missão era cuidar dos pobres. Era uma religiosa exemplar e, durante 45 anos, dedicou-se ao cuidado dos doentes e velhos com muita paciência e dedicação.

Enquanto Catarina orava na capela do convento das Irmãs de Caridade São Vicente de Paulo, surgiu a Virgem Maria sobre um globo, com as mãos estendidas e espalmadas, de onde partiam raios luminosos para todas as direções. Seu pé esmagava a cabeça de uma serpente e vestia uma túnica branca e um manto azul, que lhe caía até os pés, e suas mãos estendidas traziam nos dedos vários anéis com pedras, das quais partiam raios de luz.

As primeiras palavras da Virgem a Catarina foram: "Estes raios são o símbolo das graças que derramo sobre as pessoas que me invocam". Ao redor da Virgem formou-se uma espécie de arco, onde estavam escritas, em letras de ouro, as palavras: "Ó Maria, concebida sem pecado, rogai por nós, que recorremos a vós". Ouviu a noviça uma voz dizendo para ela mandar cunhar uma medalha com sua imagem para que as pessoas obtivessem proteção e fortalecessem sua fé por meio dela.

Catarina Labouré era uma pessoa discreta e guardou sigilo das aparições da Virgem (ninguém no convento sabia que ela era vidente, com exceção da madre superiora e de seu confessor).

Passaram-se dois anos sem que os superiores eclesiásticos decidissem o que fazer a respeito do pedido da Virgem. Somente após alguns fatos extraordinários acontecidos é que a igreja deu autorização para a execução da medalha, por ordem e aprovação do arcebispo de Paris, Monsenhor Quélen.

Em 1832 a primeira medalha foi entregue à irmã Catarina. A propagação da medalha foi grande e começaram a surgir histórias de milagres e conversões pela intercessão de Nossa Senhora das Graças por meio de sua medalha milagrosa.

O Papa Gregório XVI aprovou e abençoou a medalha, confiando-se à proteção dela e conservando-a junto a seu crucifixo. Pio IX, seu sucessor, gostava de dá-la como presente.

Em outras aparições subsequentes, a Virgem Maria falou a Catarina da necessidade da fundação de uma Associação das Filhas de Maria que foi aprovada em 1847 pelo Papa Pio IX. Em 23 de junho de 1894, o Papa Leão XIII instituiu a Festa da Medalha Milagrosa.

Irmã Catarina faleceu aos 71 anos de idade e seu enterro foi acompanhado por muitos devotos e ela foi beatificada em 1933 por oferecer ao mundo a possibilidade de conhecer que Maria é a medianeira de todas as graças. Em 1980, quando se comemoraram 150 anos da revelação da medalha milagrosa, o Papa João Paulo II compareceu como peregrino ao local das aparições.

5.2 Novena de Nossa Senhora das Graças

1º dia

Sinal da cruz.

Ato de contrição.

Ó Maria concebida sem pecado, rogai por nós que recorremos a vós (3 vezes).

Contemplemos a Virgem Imaculada, em sua primeira aparição a Santa Catarina Labouré. A piedosa noviça, guiada por seu anjo da guarda, é apresentada à Imaculada Senhora.

O poder da oração a Maria

Consideremos sua inefável alegria. Seremos também felizes como Santa Catarina, se nos privarmos dos gozos terrenos.

Leitura do Evangelho: Jo 1,1-4

> No princípio era a Palavra e a Palavra estava com Deus e a Palavra era Deus. No princípio ela estava com Deus. Todas as coisas foram feitas por meio dela e sem ela nada se faz do que foi feito. Nela estava a vida e a vida era a luz dos seres humanos.

Reflexão

Maria foi escolhida antes da criação do mundo; desde a eternidade foi predestinada para mãe do Verbo que em seu seio se fez carne.

Oração

3 Ave-Marias.

Ó Maria concebida sem pecado, rogai por nós que recorremos a vós. (Rezar após cada Ave-Maria)

Virgem Imaculada da Medalha Milagrosa, a vós peço com toda confiança... [falar a graça que se deseja alcançar].

Virgem Imaculada da Medalha Milagrosa, intercedei por... [falar o nome da pessoa pela qual se está fazendo a novena].

2º dia

Sinal da cruz.

Ato de contrição.

Ó Maria concebida sem pecado, rogai por nós que recorremos a vós (3 vezes).

Na capela escolhida por Deus, Nossa Senhora veio revelar sua identidade a Catarina Labouré por meio de um pequeno objeto, uma medalha, destinada a todos, sem distinção.

A identidade de Maria – mãe de Deus – é revelada e Maria é reconhecida como sem pecado desde o começo de sua concepção. Maria é a primeira a ser resgatada pelos méritos de Jesus Cristo. Ela é luz para todos nós.

Leitura do Evangelho: Mt 1,18

A origem de Jesus Cristo, porém, foi assim: Maria, sua mãe, estava prometida em casamento a José. Mas, antes de morarem juntos, ficou grávida do Espírito Santo.

Reflexão

Nossa Senhora foi criada na graça da pureza e da virgindade, predestinada a ser a mãe de Jesus. Ela demonstra fidelidade a esta consagração quando o anjo São Gabriel anuncia que fora escolhida para mãe do Filho de Deus. O Filho nela gerado foi obra do Espírito Santo, sem intervenção humana.

Oração

3 Ave-Marias.

Ó Maria concebida sem pecado, rogai por nós que recorremos a vós. (Rezar após cada Ave-Maria)

Virgem Imaculada da Medalha Milagrosa, a vós peço com toda confiança... [falar a graça que se deseja alcançar].

Nossa Senhora das Graças

Virgem Imaculada da Medalha Milagrosa, intercedei por... [falar o nome da pessoa pela qual se está fazendo a novena].

3º dia

Sinal da cruz.

Ato de contrição.

Ó Maria concebida sem pecado, rogai por nós que recorremos a vós (3 vezes).

As palavras e desenhos gravados no verso da medalha expressam uma mensagem sob três aspectos intimamente ligados. "Ó Maria concebida sem pecado, rogai por nós que recorremos a vós".

Maria, imaculada desde sua concepção por méritos da Paixão de Jesus, seu Filho, decorre da força poderosa de intercessão que ela exerce para com aqueles que a rogam. Eis por que devemos recorrer a ela nas nossas dificuldades.

O poder da oração a Maria

Leitura do Evangelho: Lc 1,46-47

Minha alma engrandece o Senhor e rejubila meu espírito em Deus, meu Salvador.

Reflexão

Maria se entregou inteira a Deus. Uma mulher bela, pura, imaculada, humilde, silenciosa, mas presente em todos os momentos da vida de Jesus e em nossa vida. Louvemos a Deus Pai por ter criado Nossa Senhora e rezemos a ela em nossos momentos de aflição.

Oração

3 Ave-Marias.

Ó Maria concebida sem pecado, rogai por nós que recorremos a vós. (Rezar após cada Ave-Maria)

Virgem Imaculada da Medalha Milagrosa, a vós peço com toda confiança... [falar a graça que se deseja alcançar].

Virgem Imaculada da Medalha Mila-grosa, intercedei por... [falar o nome da pessoa pela qual se está fazendo a novena].

4° dia

Sinal da cruz.

Ato de contrição.

Ó Maria concebida sem pecado, rogai por nós que recorremos a vós (3 vezes).

Na aparição a Catarina Labouré, os pés da Virgem pisam uma metade da esfera e esmagam a cabeça de uma serpente. A semiesfera é o globo, é o mundo. A serpente representa as forças do mal. A Virgem engaja-se no combate espiritual, o combate contra o mal, do qual o mundo é o campo de batalha.

Leitura bíblica: Ef 6,12

A nossa luta não é contra forças humanas, mas contra os principados, contra as autoridades, contra os dominadores deste mundo tenebroso, contra os espíritos maus dos ares.

Reflexão

Nossa Senhora é soberana. Seu poder e sua força são esmagadores, pois nela está o poder de Deus. Ela pisa a cabeça da serpente, a qual representa as forças do mal e zela por toda a humanidade.

Oração

3 Ave-Marias.

Ó Maria concebida sem pecado, rogai por nós que recorremos a Vós. (Rezar após cada Ave-Maria)

Virgem Imaculada da Medalha Milagrosa, a vós peço com toda confiança... [falar a graça que se deseja alcançar].

Virgem Imaculada da Medalha Milagrosa, intercedei por... [falar o nome da pessoa pela qual se está fazendo a novena].

5º dia

Sinal da cruz

Ato de contrição.

Ó Maria concebida sem pecado, rogai por nós que recorremos a vós (3 vezes).

As mãos da Virgem estão abertas e seus dedos estão adornados com anéis revestidos de pedras preciosas, de onde saem raios que caem sobre a terra, ampliando-se para baixo.

O brilho desses raios, bem como a beleza e a luz da aparição, descritas por Catarina, justificam e alimentam nossa confiança na fidelidade de Maria (os anéis) para com o Criador e seus filhos, na eficácia de sua intervenção (os raios de graça que caem na terra) e na vitória final (a luz), pois ela, primeira discípula, é a primeira resgatada.

Leitura bíblica: Ap 12,1

Apareceu no céu um grande sinal: uma mulher vestida de sol, com a lua debaixo dos pés e na cabeça uma coroa de doze estrelas.

Reflexão

Maria é um sinal de esperança; é o socorro divino para todos. É a luz para a humanidade, pois se manteve fiel ao plano da salvação divina. A coroa de Maria significa que ela é a base, o sustentáculo que une todos a Jesus.

Oração

3 Ave-Marias.

Ó Maria concebida sem pecado, rogai por nós que recorremos a vós. (Rezar após cada Ave-Maria)

Virgem Imaculada da Medalha Milagrosa, a vós peço com toda confiança... [falar a graça que se deseja alcançar].

Virgem Imaculada da Medalha Milagrosa, intercedei por... [falar o nome da pessoa pela qual se está fazendo a novena].

6º dia

Sinal da cruz.

Ato de contrição.

Ó Maria concebida sem pecado, rogai por nós que recorremos a vós (3 vezes).

Alguns meses após a aparição, Catarina, cuidando dos anciãos, volta a falar ao seu confessor, Padre Aladel, que é preciso cunhar a medalha. Em fevereiro de 1832, uma epidemia de cólera mata muitas pessoas. As medalhas são distribuídas e, logo em seguida, cessa a epidemia.

Leitura do Evangelho: Mt 9,20-22

Nisso, uma mulher, que há doze anos sofria de hemorragia, achegou-se por trás e lhe tocou a borda do manto. Pois ela pensava: Se eu ao menos tocar o manto dele, ficarei curada. Jesus virou-se, e, vendo-a, disse: "Filha, tem confiança, a tua fé te curou". E naquele momento a mulher ficou curada.

Reflexão

A fé salvou a mulher. A fé em Nossa Senhora pela medalha milagrosa cessou a epidemia de cólera na época de Catarina Labouré. Para quem crê tudo é possível, pois para Deus nada é impossível. Nossa Senhora sempre confiou no amor e na vida em Deus. Por isso aceitou ser a mãe de todos nós.

Oração

3 Ave-Marias.

Ó Maria concebida sem pecado, rogai por nós que recorremos a vós. (Rezar após cada Ave-Maria)

Virgem Imaculada da Medalha Milagrosa, a vós peço com toda confiança... [falar a graça que se deseja alcançar].

Virgem Imaculada da Medalha Milagrosa, intercedei por... [falar o nome da pessoa pela qual se está fazendo a novena].

7º dia

Sinal da cruz.

Ato de contrição.

Ó Maria concebida sem pecado, rogai por nós que recorremos a vós (3 vezes).

A medalha traz no seu reverso uma inicial e desenhos. A letra "M" tem uma cruz em cima. Os dois sinais mostram a relação indissolúvel que ligou Cristo e Nossa Senhora.

Embaixo, dois corações, um contornado de uma coroa de espinhos, o outro transpassado por uma lança. O coração coroado de espinhos é o coração de Jesus. Lembra o episódio da Paixão de Cristo. O coração transpassado por uma lança é o coração de Maria, sua mãe.

A aproximação dos dois corações expressa que a vida de Maria é de intimidade com Jesus. As doze estrelas gravadas ao redor da medalha correspondem aos doze apóstolos e representam a Igreja. A medalha é um apelo à consciência de cada ser humano, para que escolha, como Jesus e Maria, o caminho do amor.

Leitura do Evangelho: Jo 1,14

E a palavra se fez carne e habitou entre nós.

Reflexão

Nossa Senhora escolhida por Deus para ser a mãe de Jesus representa o amor, a pureza. É a Imaculada Conceição. Ela retrata Deus e tem origem no coração do Criador. Isso faz dela a grande medianeira que nos conduz a Deus.

Oração

3 Ave-Marias.

Ó Maria concebida sem pecado, rogai por nós que recorremos a vós. (Rezar após cada Ave-Maria)

Virgem Imaculada da Medalha Milagrosa, a vós peço com toda confiança... [falar a graça que se deseja alcançar].

Virgem Imaculada da Medalha Milagrosa, intercedei por... [falar o nome da pessoa pela qual se está fazendo a novena].

8º dia

Sinal da cruz.

Ato de contrição.

Ó Maria concebida sem pecado, rogai por nós que recorremos a vós (3 vezes).

Contemplemos nossa Imaculada Mãe, dizendo em suas aparições à jovem noviça: "Eu mesma estarei convosco; não vos perco de vista e vos concederei abundantes graças".

Leitura bíblica: Sl 139,9-10

Se me apossar das asas da aurora e for morar nos confins do mar, também aí tua mão me conduz, tua destra me segura.

Reflexão

Nossa Senhora é cheia de graça, a ela Deus concedeu poderes para esmagar a serpente.

Dela nasce aquele que é o Caminho, a Verdade e a Vida. Ela está sempre conosco, intervindo junto ao Senhor quando necessário. É nosso escudo e nossa defesa.

Oração

3 Ave-Marias.

Ó Maria concebida sem pecado, rogai por nós que recorremos a vós. (Rezar após cada Ave-Maria)

Virgem Imaculada da Medalha Milagrosa, a vós peço com toda confiança... [falar a graça que se deseja alcançar].

Virgem Imaculada da Medalha Milagrosa, intercedei por... [falar o nome da pessoa pela qual se está fazendo a novena].

9ª dia

Sinal da cruz.

Ato de contrição.

Ó Maria concebida sem pecado, rogai por nós que recorremos a vós (3 vezes).

Ó Virgem da Medalha Milagrosa, rainha excelsa, imaculada senhora, sede minha advogada, meu refúgio, meu asilo nesta terra. Sede minha fortaleza e defesa na vida e na morte.

Ó Virgem da Medalha Milagrosa, fazei que os raios luminosos que irradiam de vossas mãos iluminem minha inteligência para melhor conhecer o bem e abrasem meu coração com muita fé, esperança e caridade.

Ó Virgem da Medalha Milagrosa, fazei que a luz da vossa medalha brilhe sempre diante de meus olhos, suavize as penas da vida presente e me conduza à vida eterna.

Oração

3 Ave-Marias.

Ó Maria concebida sem pecado, rogai por nós que recorremos a vós. (Rezar após cada Ave-Maria)

Virgem Imaculada da Medalha Milagrosa, a vós peço com toda confiança... [falar a graça que se deseja alcançar].

Virgem Imaculada da Medalha Milagrosa, intercedei por... [falar o nome da pessoa pela qual se está fazendo a novena].

5.3 Orações

Oração 1

Santíssima Virgem, eu creio e confesso vossa santa e Imaculada Conceição, pura e sem mancha. Ó puríssima Virgem Maria, por vossa Conceição Imaculada e gloriosa prerrogativa de mãe de Deus, alcançai-me de vosso amado Filho a humildade, a caridade, a obediência, a castidade, a santa pureza de coração, de corpo e espírito, a perseverança na prática do bem, uma santa vida e uma boa morte e a graça... [fala-se a graça] que peço com toda confiança. Amém.

Oração 2

Ó Imaculada Virgem mãe de Deus e nossa mãe, ao contemplar-vos de braços abertos, derramando graças sobre os que vo-las pedem, cheios de confiança na vossa poderosa intercessão, inúmeras vezes manifestada pela medalha milagrosa, embora reconhecendo as nossas inúmeras culpas, acercamo-nos de vossos pés para vos expor, durante esta oração, as nossas mais prementes necessidades. [Momento de silêncio e de pedir a graça desejada.]

Concedei, pois, ó Virgem da Medalha Milagrosa, este favor que, confiantes, vos solicitamos, para maior Glória de Deus, engrandecimento do vosso nome e o bem de nossas almas. E, para melhor servirmos ao vosso divino Filho, inspirai-nos profundo ódio ao pecado e dai-nos a coragem de nos afirmar sempre como verdadeiros cristãos. Amém.

3 Ave-Marias.

Ó Maria concebida sem pecado, rogai por nós que recorremos a vós. (Rezar após cada Ave-Maria)

5.4 Ladainha de Nossa Senhora da Medalha Milagrosa

Senhor, tende piedade de nós.

Jesus Cristo, tende piedade de nós.

Senhor, tende piedade de nós.

O poder da oração a Maria

Jesus Cristo, ouvi-nos.

Jesus Cristo, atendei-nos.

Pai celeste, que sois Deus, tende piedade de nós.

Deus Filho, redentor do mundo, tende piedade de nós.

Deus Espírito Santo, tende piedade de nós.

Santíssima Trindade, que sois um só Deus, tende piedade de nós.

Santa Maria, rainha dos mártires, rogai por nós.

Nossa Senhora da Medalha Milagrosa, rogai por nós.

Nossa Senhora da Medalha Milagrosa, mãe de Deus, rogai por nós.

Nossa Senhora da Medalha Milagrosa, que nos concede todas as graças, rogai por nós.

Nossa Senhora da Medalha Milagrosa, medianeira junto a Deus, rogai por nós.

Nossa Senhora da Medalha Milagrosa, que tudo consegue junto a Deus, rogai por nós.

Nossa Senhora da Medalha Milagrosa, Santa Maria, rogai por nós.

Nossa Senhora da Medalha Milagrosa, filha do Pai Eterno, rogai por nós.

Nossa Senhora da Medalha Milagrosa, virgem mãe de Jesus, rogai por nós.

Nossa Senhora da Medalha Milagrosa, rainha das famílias, rogai por nós.

Nossa Senhora da Medalha Milagrosa, protetora das crianças, rogai por nós.

Nossa Senhora da Medalha Milagrosa, protetora da juventude, rogai por nós.

Nossa Senhora da Medalha Milagrosa, amparo da velhice, rogai por nós.

Nossa Senhora da Medalha Milagrosa, refúgio dos pecadores, rogai por nós.

Nossa Senhora da Medalha Milagrosa, força dos que trabalham, rogai por nós.

Nossa Senhora da Medalha Milagrosa, auxílio dos cristãos, rogai por nós.

O poder da oração a Maria

Nossa Senhora da Medalha Milagrosa, esperança dos que sofrem, rogai por nós.

Nossa Senhora da Medalha Milagrosa, enfermeira dos doentes, rogai por nós.

Nossa Senhora da Medalha Milagrosa, rainha dos apóstolos, rogai por nós.

Nossa Senhora da Medalha Milagrosa, rainha dos mártires, rogai por nós.

Nossa Senhora da Medalha Milagrosa, rainha de todos os santos, rogai por nós.

Nossa Senhora da Medalha Milagrosa, auxiliadora nos momentos de aflição, rogai por nós.

Nossa Senhora da Medalha Milagrosa, rainha da misericórdia, rogai por nós.

Nossa Senhora da Medalha Milagrosa, consoladora nas angústias, rogai por nós.

Nossa Senhora da Medalha Milagrosa, fortaleza nas perseguições, rogai por nós.

Nossa Senhora da Medalha Milagrosa, mãe do povo de Deus, rogai por nós.

Nossa Senhora da Medalha Milagrosa, mãe da Igreja, rogai por nós.

Nossa Senhora da Medalha Milagrosa, mãe Santíssima, rogai por nós.

Nossa Senhora da Medalha Milagrosa, mãe que jamais desampara um filho aflito, rogai por nós.

Nossa Senhora da Medalha Milagrosa, mãe amada, rogai por nós.

Nossa Senhora da Medalha Milagrosa, mãe querida, rogai por nós.

Nossa Senhora da Medalha Milagrosa, mãe generosa, rogai por nós.

Nossa Senhora da Medalha Milagrosa, mãe compassiva, rogai por nós.

Nossa Senhora da Medalha Milagrosa, mãe puríssima, rogai por nós.

Nossa Senhora da Medalha Milagrosa, santa de bondade e poder, rogai por nós.

Cordeiro de Deus, que tirais o pecado do mundo, perdoai-nos, Senhor.

Cordeiro de Deus, que tirais o pecado do mundo, atendei-nos, Senhor.

O poder da oração a Maria

Cordeiro de Deus, que tirais o pecado do mundo, tende piedade de nós, Senhor.

Jesus Cristo, ouvi-nos.
Jesus Cristo, atendei-nos.

Rogai por nós, Nossa Senhora da Medalha Milagrosa,
Para que sejamos dignos das promessas de Cristo.

6
Nossa Senhora da Saúde

6.1 Histórico da devoção a Nossa Senhora da Saúde

Nossa Senhora foi invocada pela primeira vez como "Virgem da Saúde" no México, nos primeiros anos da conquista espanhola, e, em 1538, teve sua imagem esculpida pelos índios Patzcuara.

No final do século XVI, em Portugal, Nossa Senhora foi invocada para proteger os doentes na época da grande peste, uma vez que o povo via que os recursos humanos não estavam conseguindo combater o mal. Organizaram-se procissões pedindo a interseção de Nossa Senhora e prometeram prestar-lhe um culto público se, por sua interseção, obtivessem o fim do flagelo. No ano seguinte, vendo a diminuição do número dos mortos, o povo escolheu o dia 20 de abril para agradecer a misericórdia de Nossa Senhora. Organizou-se procissão, que levava no andor a imagem da Virgem Maria, encomendada especialmente para

Nossa Senhora da Saúde

esta ocasião e à qual deram o nome de Nossa Senhora da Saúde.

De Portugal, a invocação a Nossa Senhora da Saúde veio para o Brasil, e as primeiras imagens foram levadas para Salvador, Rio de Janeiro e Minas Gerais. Em Minas Gerais, Nossa Senhora da Saúde tornou-se padroeira da cidade de Lagoa Santa e, em Poços de Caldas, todos os anos, a Matriz de Nossa Senhora da Saúde atrai milhares de pessoas que ali vão em busca de graças para a cura de sua enfermidade ou de amigos e parentes.

Nossa Senhora da Saúde é representada segurando, com o braço esquerdo, o Menino Jesus.

6.2 Novena de Nossa Senhora da Saúde

1ª dia

Iniciemos com fé este primeiro dia de nossa novena, invocando a presença da Santíssima Trindade: em nome do Pai, do Filho e do Espírito Santo. Amém.

Leitura bíblica: Rm 12,12

Sede alegres na esperança, pacientes no sofrimento e perseverantes na oração.

Reflexão

Confiar no poder divino, ter paciência e rezar muito são atitudes importantes para uma mudança de vida e possível cura. Problemas existem, o importante é encará-los com otimismo, sabendo captar a alegria que a vida nos proporciona.

Oração

Nossa Senhora da Saúde, confio em vós com todas as minhas forças, por isso peço vossa intercessão com vosso amado Filho para concessão da graça de que tanto necessito... [fazer o pedido].

Ave-Maria.

Salve-Rainha.

Nossa Senhora da Saúde, intercedei por nós.

2º dia

Iniciemos com fé este segundo dia de nossa novena, invocando a presença da Santíssima Trindade: em nome do Pai, do Filho e do Espírito Santo. Amém.

Leitura bíblica: Tg 1,2-3

> Considerai, meus irmãos, ser motivo de grande alegria quando passais por diversas provações, sabendo que a prova de vossa fé produz a paciência.

Reflexão

É preciso viver em fé em Deus, nunca duvidando da força dele em nossa vida. Ele pode tudo. Na maior das dificuldades, vamos ter paciência e esperar com fé, confiando que, na hora certa, Ele nos socorrerá.

O poder da oração a Maria

Oração

Nossa Senhora da Saúde, envolvei-me num espírito de luz divina, elevando minha fé para que eu nunca vacile, nunca esmoreça e tenha paciência em esperar por uma solução para as dificuldades vivenciadas. A vós recorro neste momento, pedindo a graça de que tanto necessito... [falar a graça que se deseja alcançar].

Ave-Maria.

Salve-Rainha.

Nossa Senhora da Saúde, intercedei por nós.

3º dia

Iniciemos com fé este terceiro dia de nossa novena, invocando a presença da Santíssima Trindade: em nome do Pai, do Filho e do Espírito Santo. Amém.

Leitura bíblica: Sl 116,1-6

Eu amo o Senhor, pois Ele ouve minha voz suplicante. / Pois inclinou para mim seu ouvido, por isso o invocarei enquanto eu viver. / Os laços de morte me envolveram, perigos infernais me surpreenderam, e eu me encontrava em angústia e tristeza. / Invoquei o nome do Senhor: "Ah! Senhor, liberta-me!". / O Senhor é benevolente e justo, nosso Deus é misericordioso. / O Senhor cuida da gente simples; eu era fraco e Ele me salvou.

Reflexão

Ao enfrentar dificuldades que nos fazem pensar em desistir de tudo é crucial manter a fé, permanecendo confiante e otimista diante dessas adversidades. Jesus veio ao mundo para trazer esperança, amor e fé. Ele está sempre ao nosso lado e não devemos duvidar da força divina e de sua misericórdia.

Oração

Ó milagrosa Nossa Senhora da Saúde, me entrego totalmente a vós, para que, debaixo de vossa proteção, eu possa receber a graça de que tanto necessito... [falar a graça].

O poder da oração a Maria

Ave-Maria.

Salve-Rainha.

Nossa Senhora da Saúde, intercedei por nós.

4º dia

Iniciemos com fé este quarto dia de nossa novena, invocando a presença da Santíssima Trindade: em nome do Pai, do Filho e do Espírito Santo. Amém.

Leitura do Evangelho: Mt 11,28-30

> Vinde a mim vós todos, que estais cansados e sobrecarregados, e eu vos darei descanso. Tomai sobre vós o meu jugo e aprendei de mim, que sou manso e humilde de coração, e achareis descanso para vossas almas. Pois meu jugo é suave e meu peso é leve.

Reflexão

Podemos nos aproximar de Deus pela oração. Quando rezamos, conversamos com Ele, dividimos nossas angústias e pedimos as graças de que necessitamos.

Oração

Gloriosa Nossa Senhora da Saúde, que eu jamais desista de ter esperança em vosso amado Filho. Ensinai-me a ser sempre grato(a) a vós e a seu Filho e concedei-me a graça que a vós suplico... [falar a graça que se deseja alcançar].

Ave-Maria.

Salve-Rainha.

Nossa Senhora da Saúde, intercedei por nós.

5ª dia

Iniciemos com fé este quinto dia de nossa novena, invocando a presença da Santíssima Trindade: em nome do Pai, do Filho e do Espírito Santo. Amém.

O poder da oração a Maria

Leitura bíblica: Sl 41,4-5

O Senhor o sustenta em seu leito de enfermidade; / Tu revertes a doença de qualquer um que estiver de cama. / Eu disse: "Senhor, tem piedade de mim, cura-me, pois pequei contra ti".

Reflexão

O salmo expressa a situação do enfermo em grave perigo de vida. A misericórdia divina é o conforto de quem a Ele se entrega com confiança nos momentos de tristeza, solidão, desamparo.

Oração

Nossa Senhora da Saúde, consoladora dos enfermos, a vossa proteção recorro neste momento difícil... [falar a doença que está enfrentando]. Ó Virgem Gloriosa, atendei minha súplica... [pedir a graça a ser alcançada].

Ave-Maria.

Salve-Rainha.

Nossa Senhora da Saúde, intercedei por nós.

148

6º dia

Iniciemos com fé este sexto dia de nossa novena, invocando a presença da Santíssima Trindade: em nome do Pai, do Filho e do Espírito Santo. Amém.

Leitura bíblica: Sl 25,15-18

> Meus olhos estão sempre fixados no Senhor, pois Ele tirará da rede meus pés. Volta-te para mim e tem piedade, pois estou só e aflito. As angústias ocuparam o espaço do meu coração; tira-me das minhas tribulações! Vê minha aflição e meu sofrimento e perdoa-me todos os pecados!

Reflexão

Devemos confiar sempre em Deus, não perdendo a esperança, expressando nossas angústias, temores, pedindo perdão por nossos erros, pois Ele é misericordioso.

Oração

Nossa Senhora da Saúde, mãe de Jesus, tende piedade de mim. Socorrei-me neste momento difícil, ajudando-me a... [falar o problema e pedir a graça a ser alcançada].

Ave-Maria.

Salve-Rainha.

Nossa Senhora da Saúde, intercedei por nós.

7º dia

Iniciemos com fé este sétimo dia de nossa novena, invocando a presença da Santíssima Trindade: em nome do Pai, do Filho e do Espírito Santo. Amém.

Leitura do Evangelho: Mt 11,2-5

No cárcere João ouviu falar das obras de Cristo e lhe enviou seus discípulos para lhe perguntarem: "És Tu aquele que há de vir ou devemos esperar outro?" Jesus lhes respondeu: "Ide anunciar a João o que ouvis e vedes: os cegos veem e os coxos andam, os leprosos ficam limpos e os surdos ouvem, os mortos ressuscitam e os pobres são evangelizados".

Reflexão

Jesus ajudou a muitos que tinham fé. Por isso, vamos sempre nos lembrar das palavras de Jesus e pedir a Nossa Senhora que nos conceda sabedoria para colocar em prática os ensinamentos de seu Filho.

Oração

Nossa Senhora da Saúde, mãe querida, aqui estou aos vossos pés, pedindo vossa intercessão com vosso Filho Jesus, para que, pela minha fé, eu consiga a graça de que tanto necessito... [pedir a graça a ser alcançada].

Ave-Maria.

Salve-Rainha.

Nossa Senhora da Saúde, intercedei por nós.

8ª dia

Iniciemos com fé este oitavo dia de nossa novena, invocando a presença da Santíssima Trindade: em nome do Pai, do Filho e do Espírito Santo. Amém.

Leitura do Evangelho: Mc 1,29-31

> Eles saíram da sinagoga e foram, com Tiago e João, para a casa de Simão e André. A sogra de Simão estava de cama com febre, e logo o contaram a Jesus. Ele chegou perto dela, tomou-a pela mão e a fez levantar-se da cama. A febre a deixou, e ela começou a servi-los.

Reflexão

Jesus sempre atende aos que têm fé, mas também os chama para uma nova vida, para que intercedam pelos necessitados. Supliquemos a Nossa Senhora para que peça a Jesus por nossa saúde e nos coloquemos a serviço do reino de seu Filho.

Nossa Senhora da Saúde

Oração

Nossa Senhora, saúde dos enfermos, em vossas mãos entrego minha vida e minha enfermidade... [falar da doença]. Tirai a doença e tudo que me desanime de seguir a Jesus, vosso Filho amado.

Ave-Maria.

Salve-Rainha.

Nossa Senhora da Saúde, intercedei por nós.

9º dia

Iniciemos com fé este nono dia de nossa novena, invocando a presença da Santíssima Trindade: em nome do Pai, do Filho e do Espírito Santo. Amém.

Leitura do Evangelho: Lc 7,6-7

[...] Senhor, não te incomodes, pois não sou digno de que entres em minha casa. Nem me julguei digno de ir a ti. Mas dize só uma palavra e meu escravo será curado.

Reflexão

"Senhor, dize uma palavra e meu escravo será salvo". Fé, amor, bondade, presentes no coração desta pessoa, que deixou de lado suas obrigações para cuidar do escravo. Essa passagem do Evangelho de Lucas nos ensina a perseverar na fé e a viver com humildade. Peçamos a Nossa Senhora, saúde dos enfermos, a paz, a saúde e a fé em seu Filho amado.

Oração

Pai Poderoso, Senhor Nosso, sabemos não ser dignos de que entreis em nossa morada, mas sabemos também que basta uma palavra vossa e teremos saúde novamente. Peço-vos, com a intercessão de Nossa Senhora, que me concedais a saúde de que tanto necessito... [fazer o pedido].

Ave-Maria.

Salve-Rainha.

Nossa Senhora da Saúde, intercedei por nós.

6.3 Oração a Nossa Senhora da Saúde

Ó Maria, gloriosa mãe, também invocada como Nossa Senhora da Saúde, nós, vossos filhos e filhas, sabemos e acreditamos que podemos contar sempre com vossa assistência em nossos sofrimentos físicos e espirituais.

Rogamos a vós, ó Senhora da Saúde, que consoleis os aflitos e doentes, levando-os a colocar a vida nas mãos de vosso filho Jesus, o divino Médico, com inteiro abandono e inquebrantável fé.

Auxiliai os médicos, os enfermeiros e todos aqueles que cuidam dos doentes, para que sejam pacientes, iluminados e descubram o remédio certo para as dores deles.

Que todos os enfermos, ao invocarem o vosso nome, sejam confortados por vossa presença materna plena de ternura. Amém!

6.4 Ladainha de Nossa Senhora da Saúde

Senhor, tende piedade de nós.

Jesus Cristo, tende piedade de nós.

Senhor, tende piedade de nós.

Jesus Cristo, escutai-nos.

Jesus Cristo, atendei-nos.

Pai celeste, que sois Deus, tende piedade de nós.

Deus Filho, redentor do mundo, tende piedade de nós.

Deus Espírito Santo, tende piedade de nós.

Santíssima Trindade, que sois um só Deus, tende piedade de nós.

Santa Maria, mãe de Deus, rogai por nós.

Nossa Senhora da Saúde, rogai por nós.

Nossa Senhora da Saúde, virgem puríssima, rogai por nós.

Nossa Senhora da Saúde, saúde dos enfermos, rogai por nós.

Nossa Senhora da Saúde, refúgio dos enfermos, rogai por nós.

Nossa Senhora da Saúde, consoladora dos aflitos, rogai por nós.

Nossa Senhora da Saúde, mãe misericordiosa, rogai por nós.

Nossa Senhora da Saúde, mãe bondosa, rogai por nós.

Nossa Senhora da Saúde, mãe protetora, rogai por nós.

Nossa Senhora da Saúde, virgem gloriosa e bendita, rogai por nós.

Nossa Senhora da Saúde, medianeira nossa, rogai por nós.

Nossa Senhora da Saúde, advogada nossa, rogai por nós.

Nossa Senhora da Saúde, mãe das dores, rogai por nós.

Nossa Senhora da Saúde, mãe caridosa, rogai por nós.

Nossa Senhora da Saúde, rainha da paz, rogai por nós.

Cordeiro de Deus, que tirais os pecados do mundo, perdoai-nos, Senhor.

Cordeiro de Deus, que tirais os pecados do mundo, atendei-nos, Senhor.

O poder da oração a Maria

Cordeiro de Deus, que tirais os pecados do mundo, tende piedade de nós, Senhor.

Jesus Cristo, ouvi-nos.
Jesus Cristo, atendei-nos.

Rogai por nós, Nossa Senhora da Saúde,
Para que sejamos dignos das promessas de Cristo.

7
Nossa Senhora do Perpétuo Socorro

O poder da oração a Maria

7.1 Tradição sobre Nossa Senhora do Perpétuo Socorro

Na Ilha de Creta havia um quadro da Virgem Maria muito venerado pelos milagres atribuídos à Virgem. Um negociante roubou o quadro e, pensando no dinheiro que receberia por ele em Roma, para lá viajou. Durante o percurso, o navio foi atingido por uma tempestade que ameaçava afundá-lo. Os tripulantes, sem saber da presença do quadro, rezaram à Virgem Maria e a tormenta passou.

Após a morte do ladrão, a Virgem Maria apareceu a uma menina, filha da mulher que guardava o quadro em sua casa, avisando que a imagem de Santa Maria do Perpétuo Socorro deveria ser colocada numa igreja. O quadro foi então solenemente entronizado na Capela de São Mateus, em Roma, no ano de 1499, e ali permaneceu por décadas.

Em 1739, os agostinianos eram os responsáveis por essa igreja e pelo convento anexo,

Nossa Senhora do Perpétuo Socorro

todos veneravam Nossa Senhora do Perpétuo Socorro. Mais tarde, eles foram designados para a Igreja de Santa Maria em Posterula, também em Roma, e para lá seguiu o quadro. Mas ali já se venerava Nossa Senhora da Graça. O quadro foi então colocado numa capela interna e, com o passar do tempo, foi esquecido.

Um agostiniano idoso remanescente do antigo convento e devoto de Nossa Senhora do Perpétuo Socorro contou a história do quadro milagroso a um jovem coroinha. Dois anos depois da morte desse agostiniano, os padres redentoristas compraram uma propriedade em Roma, para estabelecer a Casa da Congregação, fundada por Santo Afonso de Ligório. Era o local onde existira a Igreja de São Mateus. E um dos religiosos (o coroinha) encontrou documentos relativos a uma imagem da Virgem Maria retratada em um quadro. Achado o quadro, ele foi conduzido ao seu atual santuário por ordem do Papa Pio IX com a seguinte recomendação: "Fazei com que todo o mundo a conheça". Outras cópias seguiram com esses missionários para a divulgação da devoção a partir das novas províncias redentoristas instaladas por todo o mundo.

No Brasil, a devoção a Nossa Senhora do Perpétuo Socorro chegou por intermédio dos padres da Congregação do Santíssimo Redentor, em 1893. Quanto ao título de Nossa Senhora do Perpétuo Socorro, foi a própria Virgem que o usou, falando à menina a quem apareceu.

7.2 Novena de Nossa Senhora do Perpétuo Socorro

1º dia

Iniciemos com fé este primeiro dia de nossa novena, invocando a presença da Santíssima Trindade: em nome do Pai, do Filho e do Espírito Santo. Amém.

Leitura do Evangelho: Jo 1,1-4

No princípio era a Palavra e a Palavra estava com Deus, e a Palavra era Deus. No princípio ela estava com Deus. Todas as coisas foram feitas por meio dela e sem ela nada se fez do que foi feito. Nela estava a vida, e a vida era a luz dos seres humanos.

Reflexão

A palavra, que junto de Deus criara a terra, o mar, o céu, criou também sua mãe, Maria. Ela foi escolhida, foi predestinada para ser mãe do Filho de Deus. Assim, toda a existência de Maria, Nossa Senhora, é uma plena comunhão com seu Filho, Jesus. Por isso, confiemos em Nossa Senhora, mãe de Jesus, mãe do perpétuo socorro.

Oração

Nossa Senhora do Perpétuo Socorro, vós sois nossa mãe por Deus concedida. Socorrei-me neste momento, alcançando-me a graça que a vós suplico... [falar a graça a ser alcançada].

Pai-nosso.

Ave-Maria.

Glória-ao-Pai.

Nossa Senhora do Perpétuo Socorro, intercedei por nós.

2º dia

Iniciemos com fé este segundo dia de nossa novena, invocando a presença da Santíssima Trindade: em nome do Pai, do Filho e do Espírito Santo. Amém.

Leitura do Evangelho: Lc 1,28

> [...] Entrando onde ela estava, o anjo lhe disse: "Alegra-te, cheia de graça, o Senhor está contigo!"

Reflexão

Em Nossa Senhora está a plenitude da graça. Ela é a mais perfeita e amada entre todas as criaturas de Deus. Ela é a soberana, é a mãe nossa, concedida por Deus, que nos acode em todas as necessidades.

Oração

Ó mãe querida, meu perpétuo socorro. A vós deposito toda minha confiança no alcance da graça que vos suplico... [falar a graça que se deseja alcançar].

Pai-nosso.

Ave-Maria.

Glória-ao-Pai.

Nossa Senhora do Perpétuo Socorro, intercedei por nós.

3º dia

Iniciemos com fé este terceiro dia de nossa novena, invocando a presença da Santíssima Trindade: em nome do Pai, do Filho e do Espírito Santo. Amém.

Leitura do Evangelho: Lc 1,46-47

[...] Então Maria disse: "Minha alma engrandece o Senhor e rejubila meu espírito em Deus, meu Salvador".

Reflexão

Nossa Senhora concordou em participar do plano divino, confiando plenamente no Criador, entregando-se inteira e humildemente a Deus. Ela esteve presente em todos os momentos da vida de Jesus, silenciosa, mas mostrando sua força e poder.

Oração

Nossa Senhora do Perpétuo Socorro, glorificamos a Deus por vos ter dado a nós como mãe. Vós sois nossa esperança e consolação. Peço vossa intercessão para... [falar o problema que está enfrentando].

Pai-nosso.

Ave-Maria.

Glória-ao-Pai.

Nossa Senhora do Perpétuo Socorro, intercedei por nós.

4º dia

Iniciemos com fé este quarto dia de nossa novena, invocando a presença da Santíssima Trindade: em nome do Pai, do Filho e do Espírito Santo. Amém.

Leitura do Evangelho: Lc 1,48

[...] Porque olhou para a humildade de sua serva. Eis que de agora em diante me chamarão feliz todas as gerações.

Reflexão

Nossa Senhora é a serva do Senhor, a que se fez pequena para que nela resplandecesse a glória, a esperança e o refúgio de todos nós, cristãos. Ela é amor, misericórdia, fortaleza, acolhimento, nosso perpétuo socorro.

Oração

Nossa Senhora do Perpétuo Socorro, vós que ouvíeis todos os aflitos, amenizando seu sofrimento, socorrei-me neste difícil momento de minha vida... [pedir a graça que se deseja alcançar].

Pai-nosso.

Ave-Maria.

Glória-ao-Pai.

Nossa Senhora do Perpétuo Socorro, intercedei por nós.

5º dia

Iniciemos com fé este quinto dia de nossa novena, invocando a presença da Santíssima Trindade: em nome do Pai, do Filho e do Espírito Santo. Amém.

Leitura do Evangelho: Jo 15,3-4

Vós já estais limpos por causa da palavra que vos tenho anunciado. Permanecei em mim e eu permanecerei em vós.

Reflexão

O caminho que nos leva a Jesus é Maria. Ela deve ser nossa morada como foi a morada de Jesus durante nove meses. Seguindo Maria, estaremos sempre no caminho de Jesus. Entreguemos nossas preocupações e necessidades a Maria e ela nos socorrerá.

Oração

Nossa Senhora do Perpétuo Socorro, entrego a vós meus problemas... [falar o motivo das preocupações]. Recorro a vós suplicando a paz que tanto necessito.

Pai-nosso.

Ave-Maria.

Glória-ao-Pai.

Nossa Senhora do Perpétuo Socorro, intercedei por nós.

6º dia

Iniciemos com fé este sexto dia de nossa novena, invocando a presença da Santíssima

Trindade: em nome do Pai, do Filho e do Espírito Santo. Amém.

Leitura do Evangelho: Jo 14,5-6

> Tomé disse-lhe: "Senhor, não sabemos para onde vais, como podemos conhecer o caminho?" Jesus respondeu: "Eu sou o Caminho, a Verdade e a Vida. Ninguém vem ao Pai senão por mim".

Reflexão

Jesus é o Caminho, a Verdade e a Vida. Ele nasceu de Maria e a ela Ele concedeu poderes. Ela pode nos ensinar a vencer o mal, a derrotar os inimigos, sendo sempre nosso consolo e perpétuo socorro.

Oração

Nossa Senhora do Perpétuo Socorro, mãe minha. Derramai sobre minha família vossas bênçãos. Apresentai a vosso amado Filho a graça de que tanto necessito... [pede-se a graça a ser alcançada].

Pai-nosso.

Ave-Maria.

Glória-ao-Pai.

Nossa Senhora do Perpétuo Socorro, intercedei por nós.

7º dia

Iniciemos com fé este sétimo dia de nossa novena, invocando a presença da Santíssima Trindade: em nome do Pai, do Filho e do Espírito Santo. Amém.

Leitura bíblica: Gn 3,15

> Porei inimizade entre ti e a mulher, entre a tua descendência e os descendentes dela. Eles te ferirão a cabeça, e tu lhes ferirás o calcanhar.

Reflexão

O homem e a mulher emaranhados no pecado sentem-se perdidos. Maria Santíssima é quem pode conduzir os pecadores novamente a encontrar o Caminho, a Verdade e a Vida, pois dela nascerá o Salvador da humanidade. Ela conduz nossas vidas, dando-nos a força necessária para chegarmos a Jesus.

Oração

Nossa Senhora do Perpétuo Socorro, ajudai-me a não reincidir em minhas culpas. Defendei-me de todas as tentações. Socorrei-me concedendo-me a graça de... [pede-se a graça].

Pai-nosso.

Ave-Maria.

Glória-ao-Pai.

Nossa Senhora do Perpétuo Socorro, intercedei por nós.

8º dia

Iniciemos com fé este oitavo dia de nossa novena, invocando a presença da Santíssima Trindade: em nome do Pai, do Filho e do Espírito Santo. Amém.

Leitura do Evangelho: Jo 1,16-17

[...] Pois da sua plenitude todos nós recebemos graça sobre graça. Porque a Lei foi dada por meio de Moisés, a graça e a verdade vieram por Jesus Cristo.

Reflexão

No Antigo Testamento graça era algo concreto: água, comida, saúde, muitos filhos, vitória nas guerras. Graça é tudo isso e também amor, paz, alegria, fé, vida. Deus nos enviou seu Filho Jesus para conhecermos a verdade e viver no amor de Deus. A verdade nos afasta de nossos medos, angústias e o amor nos protege nos dando segurança e coragem.

Oração

Nossa Senhora do Perpétuo Socorro, graças vos dou por vosso grande amor por nós, tendo-nos abençoado com vosso Filho Jesus. Ajudai-me a alcançar a graça de que tanto necessito... [falar a graça que se deseja alcançar].

O poder da oração a Maria

Pai-nosso.
Ave-Maria.
Glória-ao-Pai.
Nossa Senhora do Perpétuo Socorro, intercedei por nós.

9º dia

Iniciemos com fé este nono dia de nossa novena, invocando a presença da Santíssima Trindade: em nome do Pai, do Filho e do Espírito Santo. Amém.

Nossa Senhora do Perpétuo Socorro,
Rogai a Jesus:
- *Pela paz em todas as famílias.*
- *Pelos pobres, marginalizados, injustiçados e oprimidos.*
- *Pelos doentes e pelos que sofrem.*
- *Por todos os que precisam de vossa ajuda e proteção.*

174

Nossa Senhora do Perpétuo Socorro,

Vós sois a mãe de Deus e vossa vida foi de dor e sofrimento. Ensinai-me a aceitar com resignação meus sofrimentos. Amparai-me na hora da morte.

Nossa Senhora do Perpétuo Socorro, durante a novena, eu expus minhas preocupações, necessidades e angústias a vós. Neste último dia, quero vos louvar e agradecer todas as graças e benefícios que, por vossa intercessão, vier a alcançar.

Pai-nosso.

Ave-Maria.

Glória-ao-Pai.

Nossa Senhora do Perpétuo Socorro, intercedei por nós.

7.3 Orações

Oração 1

[Para ser recitada após cada dia da novena.]

Ó Virgem Maria, rainha de amor,
Vós sois a mãe santa de Cristo Senhor!

Nas dores e nas angústias, nas lutas da vida,

Vós sois a mãe nossa por Deus concedida

Perpétuo Socorro vós sois, mãe querida!

Vossos filhos suplicam socorro na vida.

Amparai-me e dai-me hoje a graça que vos peço... [falar a graça que se deseja alcançar].

Oração 2

Lembrai-vos, ó puríssima Virgem, que nunca se ouviu dizer que algum daqueles a quem a vós tem recorrido, implorado a vossa proteção e socorro fosse por vós desamparado. Eu, com total confiança, a vós recorro e suplico que não desprezeis as minhas súplicas... [falar as graças que se quer alcançar].

Nossa Senhora do Perpétuo Socorro, mãe carinhosa, minha esperança, vinde em meu socorro. Amém.

7.4 Ladainha de Nossa Senhora do Perpétuo Socorro

Senhor, tende piedade de nós.

Jesus Cristo, tende piedade de nós.

Senhor, tende piedade de nós.

Jesus Cristo, escutai-nos.

Jesus Cristo, atendei-nos.

Pai celeste, que sois Deus, tende piedade de nós.

Deus Filho, redentor do mundo, tende piedade de nós.

Deus Espírito Santo, tende piedade de nós.

Santíssima Trindade, que sois um só Deus, tende piedade de nós.

Santa Maria, rainha dos mártires, rogai por nós.

Nossa Senhora do Perpétuo Socorro, mãe de Jesus, rogai por nós.

O poder da oração a Maria

Nossa Senhora do Perpétuo Socorro, nossa mãe querida, rogai por nós.

Nossa Senhora do Perpétuo Socorro, mãe da misericórdia, rogai por nós.

Nossa Senhora do Perpétuo Socorro, rainha do amor, rogai por nós.

Nossa Senhora do Perpétuo Socorro, socorro dos doentes, rogai por nós.

Nossa Senhora do Perpétuo Socorro, guia do nosso caminho, rogai por nós.

Nossa Senhora do Perpétuo Socorro, luz da nossa vida, rogai por nós.

Nossa Senhora do Perpétuo Socorro, rainha da paz, rogai por nós.

Nossa Senhora do Perpétuo Socorro, consolo nosso, rogai por nós.

Nossa Senhora do Perpétuo Socorro, chama da esperança, rogai por nós.

Nossa Senhora do Perpétuo Socorro, refúgio nas aflições, rogai por nós.

Nossa Senhora do Perpétuo Socorro, nosso perpétuo socorro, rogai por nós.

Nossa Senhora do Perpétuo Socorro, defensora nossa, rogai por nós.

Nossa Senhora do Perpétuo Socorro, virgem da Paixão, rogai por nós.

Nossa Senhora do Perpétuo Socorro, mãe dos missionários Redentoristas, rogai por nós.

Nossa Senhora do Perpétuo Socorro, mãe guardiã, rogai por nós.

Nossa Senhora do Perpétuo Socorro, mãe defensora, rogai por nós.

Nossa Senhora do Perpétuo Socorro, rainha da família, rogai por nós.

Cordeiro de Deus, que tirais os pecados do mundo, perdoai-nos, Senhor.

Cordeiro de Deus, que tirais os pecados do mundo, atendei-nos, Senhor.

Cordeiro de Deus, que tirais os pecados do mundo, tende piedade de nós, Senhor.

Jesus Cristo, ouvi-nos.

Jesus Cristo, atendei-nos.

O poder da oração a Maria

Rogai por nós, Nossa Senhora do Perpétuo Socorro,

Para que sejamos dignos das promessas de Cristo.

8
Nossa Senhora de Fátima

8.1 Histórico da devoção a Nossa Senhora de Fátima

Em 13 de maio de 1917 as crianças Lúcia (10 anos) e os irmãos Francisco (9 anos) e Jacinta (7 anos) estavam cuidando de um rebanho de ovelhas na Cova da Iria, em Fátima, e tiveram uma visão de Nossa Senhora. Contaram que Nossa Senhora estava vestida de branco, mais reluzente que o sol e aparecia com um brilho transparente. Desde esse dia, a Virgem de Fátima apareceu para as crianças todo dia 13 até o mês de outubro daquele ano.

Lúcia, a criança mais velha, aconselhou as outras crianças a não contarem a ninguém sobre as aparições, mas elas acabaram dizendo aos pais e assim o assunto se tornou público, e pessoas de vários lugares, curiosos e devotos queriam presenciar as aparições.

Em 13 de outubro do mesmo ano a aparição foi presenciada por milhares de pessoas que compareceram à Cova da Iria, apesar de estar chovendo naquele momento. Em determinada hora, a chuva parou e o sol surgiu, lançando raios de várias cores em todas as direções. Enquanto o povo, aterrorizado, rezava o terço, sobre uma azinheira, permaneceu uma pequena nuvem imóvel, com a qual Lúcia parecia conversar em voz alta. Segundo a tradição, Nossa Senhora teria dito às crianças: "Eu sou a Senhora do Rosário" e teria pedido que fizessem ali uma capela em sua honra. Após esse dia, Nossa Senhora não mais apareceu na Cova da Iria, mas a sua presença é sentida pelos devotos que ali comparecem com muita fé em busca de milagres.

As revelações de Nossa Senhora às crianças ficaram conhecidas como os Três Segredos de Fátima: um falava sobre o inferno, outro sobre uma Guerra Mundial e o terceiro previa um atentado ao líder espiritual da Igreja Católica. Nas mensagens e revelações aos pastorinhos estão os pedidos para que a humanidade tenha mais fé e devoção, defenda a paz entre os povos e reze o terço todos os dias. O tercei-

O poder da oração a Maria

ro milagre referia-se ao Papa João Paulo II e, por isso, Lúcia fez questão de pedir autorização ao pontífice antes de revelá-lo.

Em maio de 1981, o papa, conhecido como "João de Deus" (1920-2005), sofreu um atentado na Praça de São Pedro, em Roma. No momento em que o atirador apertou o gatilho, o papa abaixou-se para cumprimentar uma criança que segurava um retrato de Nossa Senhora de Fátima. Conforme os laudos da perícia, o movimento fez com que ele fosse salvo.

Conta-se que o Papa se dizia impressionado com a "coincidência", que se revelava um milagre divino. Um ano após o atentado, retornou à Praça de São Pedro e agradeceu a graça diante do altar de Nossa Senhora de Fátima. Ele também visitou o Santuário de Fátima, em Portugal, três vezes, onde rezou junto aos túmulos de Francisco e Jacinta.

Jacinta e Francisco morreram ainda crianças, tendo sido declarados beatos pelo papa no ano de 2000. Conta-se que passaram pelo

Nossa Senhora de Fátima

sofrimento da gripe espanhola sem nunca reclamar de dores, rezando muito. Inúmeros milagres foram atribuídos aos irmãos pastorinhos. Lúcia tornou-se freira e morreu no dia 13 de fevereiro de 2005. Desde a adolescência, ela já revelava inclinação para a vida espiritual e escreveu em seu diário que acreditava que iria morrer em um dia 13, pois era nesse dia que Nossa Senhora fazia suas aparições.

Segundo Irmã Lúcia, Nossa Senhora sempre aparecia com um terço entre as mãos, e a importância da oração foi, várias vezes, enfatizada nas aparições. A aparição de Nossa Senhora na Cova da Iria tornou-se conhecida e, no Brasil, ela é conhecida por todas as classes sociais, ricos e pobres, intelectuais e analfabetos, pelo cântico popular:

"A treze de maio,
Na Cova da Iria,
No céu aparece
A Virgem Maria.
Ave, Ave, Ave, Maria!"

Iconograficamente, a imagem de Nossa Senhora de Fátima apresenta Maria de pé, vestida de branco, com o rosário pendendo de suas mãos unidas sobre o peito, ou de seu pescoço. Sobre sua cabeça vê-se um véu branco e a coroa real. A seus pés aparecem, em algumas imagens, principalmente em pinturas e gravuras, os três pastorinhos: Lúcia, Francisco e Jacinta, ajoelhados.

8.2 Novena de Nossa Senhora de Fátima

1º dia

Iniciemos com fé este primeiro dia de nossa novena, invocando a presença da Santíssima Trindade: em nome do Pai, do Filho e do Espírito Santo. Amém.

Leitura do Evangelho: 1Jo 3,16-17

Nisto conhecemos o Amor: que Ele deu sua vida por nós. Também nós devemos dar a vida pelos irmãos. Se alguém possui riquezas neste mundo e vê o irmão passando necessidade, mas fecha o coração diante dele, como pode estar nele o amor de Deus?

Reflexão

Usando nossos bens de forma a servir aos necessitados, estaremos nos esforçando para ser, no mundo, testemunhas do Reino de Deus, solidários com nossos semelhantes e praticantes dos ensinamentos de Jesus.

Oração

Virgem de Fátima, derramai sobre mim o vosso amor. Vós que manifestastes em Fátima a ternura de vosso Imaculado Coração, trazendo-nos mensagens de salvação e paz, ajudai-me a alcançar a paz de que tanto necessito, alcançando-me a graça... [falar a graça que se deseja alcançar].

Pai-nosso.

Ave-Maria.

Glória-ao-Pai.

Ó meu bom Jesus, perdoai-nos, livrai-nos do fogo do inferno, levai as almas todas para o céu e socorrei principalmente as que mais precisarem.

Nossa Senhora de Fátima, rogai por nós.

2º dia

Iniciemos com fé este segundo dia de nossa novena, invocando a presença da Santíssima Trindade: em nome do Pai, do Filho e do Espírito Santo. Amém.

Leitura do Evangelho: 1 Jo 3,18-19

Filhinhos, não amemos com palavras nem com a língua, mas com obras e de verdade. É assim que conheceremos que somos da verdade, e diante dele tranquilizaremos o nosso coração.

Reflexão

O apóstolo João nos faz refletir sobre a importância do acolhimento e misericórdia para

Nossa Senhora de Fátima

com os necessitados, pondo em prática um dos ensinamentos de Jesus.

Oração

Nossa Senhora de Fátima, senhora da paz, dirigi vossos olhos para mim. Auxiliai-me a ser merecedora das bênçãos e graças divinas! Concedei-me a graça de que no momento tanto necessito... [falar a graça que se deseja alcançar].

Pai-nosso.

Ave-Maria.

Glória-ao-Pai.

Ó meu bom Jesus, perdoai-nos, livrai-nos do fogo do inferno, levai as almas todas para o céu e socorrei principalmente as que mais precisarem.

Nossa Senhora de Fátima, rogai por nós.

3º dia

Iniciemos com fé este terceiro dia de nossa novena, invocando a presença da Santíssima Trindade: em nome do Pai, do Filho e do Espírito Santo. Amém.

Leitura do livro *Memórias e cartas da Irmã Lúcia*:

> [...] o nosso bom Deus a tudo tem valido; conforme tem mandado a ferida, assim a tem curado. Ele bem sabe que é o único médico na terra.

Reflexão

Irmã Lúcia dedicou sua vida à oração e à divulgação das aparições de Nossa Senhora. A oração é o remédio mais seguro e eficaz para todos os males e calamidades que nos afligem a alma ou o corpo.

Oração

Nossa Senhora Mãe de Fátima, fazei-me testemunha do vosso amor e piedade. Dirigi a mim a vossa luz poderosa e aliviai meu sofrimento, alcançando-me a graça que a vós suplico... [falar a graça que se deseja alcançar].

Pai-nosso.

Ave-Maria.

Glória-ao-Pai.

Ó meu bom Jesus, perdoai-nos, livrai-nos do fogo do inferno, levai as almas todas para o céu e socorrei principalmente as que mais precisarem.

Nossa Senhora de Fátima, rogai por nós.

4º dia

Iniciemos com fé este quarto dia de nossa novena, invocando a presença da Santíssima Trindade: em nome do Pai, do Filho e do Espírito Santo. Amém.

Leitura bíblica: Sl 32,10

> Muitos sofrimentos aguardam o ímpio, mas a misericórdia do Senhor envolve quem nele confia.

Reflexão

Ao permitir que Deus assuma nossa vida, começamos a sentir a presença dele e aprendemos a confiar nele.

Oração

Nossa Senhora de Fátima, ajudai-me a entregar meus problemas, minha vida a vós e ao vosso amado Filho, aprendendo a confiar cada vez mais nele. Ajudai-me a alcançar a graça que desejo... [faça o pedido].

Pai-nosso.

Ave-Maria.

Glória-ao-Pai.

Ó meu bom Jesus, perdoai-nos, livrai-nos do fogo do inferno, levai as almas todas para o céu e socorrei principalmente as que mais precisarem.

Nossa Senhora de Fátima, rogai por nós.

5° dia

Iniciemos com fé este quinto dia de nossa novena, invocando a presença da Santíssima Trindade: em nome do Pai, do Filho e do Espírito Santo. Amém.

Leitura bíblica: Rm 2,11

[...] Pois Deus não faz distinção de pessoas.

Reflexão

Pelos ensinamentos bíblicos, aprendemos que todas as pessoas são iguais, e um dos mandamentos de Deus é que nos amemos uns aos outros... Jesus nos ensina que devemos amar o próximo como a nós mesmos, vivenciando assim um sentimento de igualdade e fraternidade, não existindo, portanto, discriminação das pessoas. O que deve existir é o amor infinito a Deus e aos nossos semelhantes, sentimento de respeito ao próximo, sem preconceito, sem julgamento e humilhação.

Oração

Nossa Senhora do Rosário de Fátima, ajudai-me a superar qualquer tipo de preconceito que possam ter contra a minha pessoa. Livrai-nos de toda discriminação e maldade e alcançai-me a graça de que tanto necessito... [fazer o pedido].

Pai-nosso.

Ave-Maria.

Glória-ao-Pai.

Ó meu bom Jesus, perdoai-nos, livrai-nos do fogo do inferno, levai as almas todas para o céu e socorrei principalmente as que mais precisarem.

Nossa Senhora de Fátima, rogai por nós.

6º dia

Iniciemos com fé este sexto dia de nossa novena, invocando a presença da Santíssima Trindade: em nome do Pai, do Filho e do Espírito Santo. Amém.

Leitura do Evangelho: Mt 11,28-30

Vinde a mim vós todos, que estais cansados e sobrecarregados, e eu vos darei descanso. Tomai sobre vós o meu jugo e aprendei de mim, que sou manso e humilde de coração, e achareis descanso para vossas almas. Pois meu jugo é suave e meu peso é leve.

Reflexão

Por não poder suportar as provações e as dificuldades sozinhos, vamos recorrer a Jesus na certeza de que Ele nos aliviará. Vamos invocar sua santa mãe, lembrando-nos de que, em Fátima, Nossa Senhora infundiu nas crianças pastorinhas uma grande veneração e amor por Jesus.

Oração

Nossa Senhora de Fátima, Santíssima Virgem Maria, ajudai-me a vencer meus medos e não me deixeis dominar por sentimentos negativos. Aconselhai-me neste momento de aflição. Coloco em vossas mãos os meus problemas e peço, humildemente, vossa intercessão para o alcance da graça que vos peço nesta novena... [fazer o pedido].

Pai-nosso.

Ave-Maria.

Glória-ao-Pai.

Ó meu bom Jesus, perdoai-nos, livrai-nos do fogo do inferno, levai as almas todas

O poder da oração a Maria

para o céu e socorrei principalmente as que mais precisarem.

Nossa Senhora de Fátima, rogai por nós.

7º dia

Iniciemos com fé este sétimo dia de nossa novena, invocando a presença da Santíssima Trindade: em nome do Pai, do Filho e do Espírito Santo. Amém.

Leitura do Evangelho: Lc 11,9-10

> Digo-vos, pois: pedi e vos será dado; buscai e achareis; batei e vos abrirão. Pois quem pede, recebe; quem procura, acha; e a quem bate, se abre.

Reflexão

Jesus compreende nossas dores, nossas lágrimas. Ele nos conduzirá. Nossa força está em Jesus, assim coloquemos nossa vida nas mãos dele por meio das orações. Rezemos sempre, louvando-o e bendizendo-o.

Nossa Senhora de Fátima

Oração

Virgem do Rosário, vós que, em Fátima, aparecestes tendo em vossas mãos um terço e que, insistentemente, repetia para orar, orar muito, concedei-me o dom da oração todos os dias e atendei-me no alcance da graça de que necessito... [fazer o pedido].

Pai-nosso.

Ave-Maria.

Glória-ao-Pai.

Ó meu bom Jesus, perdoai-nos, livrai-nos do fogo do inferno, levai as almas todas para o céu e socorrei principalmente as que mais precisarem.

Nossa Senhora de Fátima, rogai por nós.

8º dia

Iniciemos com fé este oitavo dia de nossa novena, invocando a presença da Santíssima Trindade: em nome do Pai, do Filho e do Espírito Santo. Amém.

Leitura do Evangelho: Mc 9,23

[...] Tudo é possível para quem tem fé!

Reflexão

Acreditando no poder da oração, tendo fé, equilibramos nossas emoções diante das maiores dificuldades. Jesus tudo pode e com fé enfrentamos qualquer provação. Ele é nossa esperança, nossa libertação.

Oração

Nossa Senhora de Fátima, mãe divina, derramai sobre mim o vosso amor. Concedei-me serenidade, esperança e força para que, guiado(a) por vós, eu possa vencer qualquer dificuldade. Mãe poderosa, ouvi minha súplica e alcançai-me a graça que vos peço... [fala-se o pedido].

Pai-nosso.

Ave-Maria.

Glória-ao-Pai.

Ó meu bom Jesus, perdoai-nos, livrai-nos do fogo do inferno, levai as almas todas para o céu e socorrei principalmente as que mais precisarem.

Nossa Senhora de Fátima, rogai por nós.

9º dia

Iniciemos com fé este nono dia de nossa novena, invocando a presença da Santíssima Trindade: em nome do Pai, do Filho e do Espírito Santo. Amém.

Leitura do Evangelho: Lc 18,16

Mas Jesus as chamou para si, dizendo: "Deixai vir a mim as criancinhas e não as impeçais, pois o Reino de Deus é daqueles que são como elas".

Reflexão

O evangelista deixa claro na mensagem acima a necessidade da conversão, de nos tornarmos como as crianças para podermos pertencer ao seu Reino. Em Fátima Nossa Senhora apareceu para três crianças, incumbindo-as de divulgar suas mensagens. Vamos pensar nos momentos bons de nossa infância, resgatando-os no entusiasmo com a chegada do Natal, com o nascimento de Jesus e vamos viver segundo seus ensinamentos.

Oração

Nossa Senhora de Fátima, mãe querida, desejo hoje agradecer tudo o que tenho em minha vida e agradeço a vossa proteção. Mãe protetora, não permitais que eu perca a esperança nem a humildade. Conduzi-me para o alcance da graça de que tanto necessito... [fazer o pedido].

Pai-nosso.

Ave-Maria.

Glória-ao-Pai.

Ó meu bom Jesus, perdoai-nos, livrai-nos do fogo do inferno, levai as almas todas para o céu e socorrei principalmente as que mais precisarem.

Nossa Senhora de Fátima, rogai por nós.

8.3 Oração a Nossa Senhora de Fátima

Santíssima Virgem, que, nos montes de Fátima, vos dignastes revelar aos três pastorinhos os tesouros de graças que podemos alcançar, rezando o santo rosário, ajudai-nos a apreciar sempre mais esta santa oração, a fim de que, meditando sobre os mistérios da nossa redenção, alcancemos as graças que, insistentemente, vos pedimos... [pedir a graça].

Ó meu bom Jesus, perdoai-nos, livrai-nos do fogo do inferno, levai as almas todas para o céu e socorrei principalmente as que mais precisarem.

Nossa Senhora do Rosário de Fátima, rogai por nós. Amém.

8.4 Terço para Nossa Senhora de Fátima

[Para recitá-lo em momentos de dificuldades, ou em agradecimento por graças alcançadas.]

Sinal da cruz.

O poder da oração a Maria

3 Ave-Marias.

Credo.

Em cada conta pequena, em vez da Ave-Maria, reze a oração referente àquela dezena, a seguir:

1ª dezena: *"Gloriosa Virgem, tende piedade de mim".*

2ª dezena: *"Maria Misericordiosa, estendei vossas bênçãos sobre minha vida".*

3ª dezena: *"Mãe generosa, entrego em vossas mãos o meu destino. Zelai por mim".*

4ª dezena: *"Nossa Senhora, perdoai os meus pecados e intercedei por mim junto ao seu Filho Jesus Cristo".*

5ª dezena: *"Prometo devoção ao vosso amor divino e propagação da fé cristã".*

Nas contas grandes, em vez do Pai-nosso, faça a seguinte prece: *"Nossa Senhora de Fátima, insuflai em meu coração a fé, a esperança e a bondade. Dai-me força para vencer as dificuldades, sejam de ordem espiritual, ou emocional, sejam por valores morais ou materiais. Desejo superar a dor e reconhecer o amor. E, por vossa proteção, resguardai-me do sofrimento e da amargura. Amém".*

Ao terminar cada dezena, em vez de falar os mistérios, reflita sobre o seu pedido [graça a ser alcançada] e sobre os acontecimentos que o cercam.

8.5 Ladainha de Nossa Senhora de Fátima

Senhor, tende piedade de nós.

Jesus Cristo, tende piedade de nós.

Senhor, atendei-nos.

Pai celeste, que sois Deus, tende piedade de nós.

Filho de Deus, redentor do mundo, tende piedade de nós.

Espírito Santo, que sois Deus, tende piedade de nós.

Trindade Santa, que sois um só Deus, tende piedade de nós.

O poder da oração a Maria

Santa Maria, rainha das virgens, rogai por nós.

Nossa Senhora de Fátima, rogai por nós.

Nossa Senhora de Fátima, mãe santíssima, rogai por nós.

Nossa Senhora de Fátima, rainha nossa, rogai por nós.

Nossa Senhora de Fátima, mãe divina, rogai por nós.

Nossa Senhora de Fátima, virgem do rosário, rogai por nós.

Nossa Senhora de Fátima, mãe de misericórdia, rogai por nós.

Nossa Senhora de Fátima, mãe protetora, rogai por nós.

Nossa Senhora de Fátima, senhora da paz, rogai por nós.

Nossa Senhora de Fátima, senhora de Fátima, rogai por nós.

Nossa Senhora de Fátima, virgem imaculada e santa, rogai por nós.

Nossa Senhora de Fátima, mãe do bom conselho, rogai por nós.

Nossa Senhora de Fátima, gloriosa virgem, rogai por nós.

Nossa Senhora de Fátima, refúgio contra os males que nos cercam, rogai por nós.

Nossa Senhora de Fátima, medianeira e advogada nossa, rogai por nós.

Nossa Senhora de Fátima, libertadora das almas sofridas, rogai por nós.

Nossa Senhora de Fátima, consoladora dos aflitos, rogai por nós.

Nossa Senhora de Fátima, mensageira da paz, rogai por nós.

Cordeiro de Deus, que tirais o pecado do mundo, perdoai-nos, Senhor.

Cordeiro de Deus, que tirais o pecado do mundo, ouvi-nos, Senhor.

Cordeiro de Deus, que tirais o pecado do mundo, tende piedade de nós, Senhor.

Jesus Cristo, ouvi-nos.

Jesus Cristo, atendei-nos.

O poder da oração a Maria

Rogai por nós, Nossa Senhora de Fátima,
Para que sejamos dignos das promessas de Cristo.

9
Nossa Senhora Aparecida

O poder da oração a Maria

9.1 Histórico da devoção a Nossa Senhora Aparecida

Em 1717 o governador das províncias de São Paulo e Minas Gerais, D. Pedro de Almeida, passou pela província de Guaratinguetá em direção a Vila Rica, atual cidade de Ouro Preto, em Minas Gerais.

A Câmara da cidade ordenou aos pescadores locais que trouxessem todo o peixe que pudessem pescar. Os pescadores Domingos Garcia, João Alves e Filipe Pedroso foram os primeiros a pegar uma canoa e seguiram pelo Rio Paraíba do Sul e lançaram suas redes, nada conseguindo pescar. Chegando próximo ao porto de Itaguaçu, João Alves lançou sua rede e percebeu que ela havia se prendido em alguma coisa e, ao puxar a rede, ficou muito surpreso ao constatar que havia pescado uma imagem, mas sem a cabeça. Lançando as redes outras vezes, uma cabeça foi encontrada e, admirados, os pescadores constataram que a imagem era de Nossa Senhora.

Nossa Senhora Aparecida

Após esse fato, os pescadores consegui-
ram encher o barco de peixes e isso foi por
eles considerado e comentado como um milagre de Nossa Senhora. O pescador Filipe Pedroso era muito religioso e levou a imagem
para sua casa, e ela lá permaneceu por 15 anos.
As pessoas passaram a se dirigir para o local
para rezar lá.

Mais tarde, Atanásio, o filho do pescador,
mandou construir um oratório para a imagem que ganhou muitos devotos entre os
pescadores e artesãos da região. A devoção à
imagem aparecida nas águas cresceu muito.
A santa passou a ser conhecida como Nossa
Senhora Aparecida e os milagres comentados
pelos moradores levaram a fama de Nossa Senhora para outras cidades e, com o aumento
do número de devotos, o oratório tornou-se
pequeno.

Por volta de 1743, o vigário de Guaratinguetá pediu licença ao bispo para erigir uma
capelinha em honra de Nossa Senhora com as

O poder da oração a Maria

doações recebidas dos romeiros. Em 1745, a capela construída no alto do Morro dos Coqueiros, próximo ao trecho do rio onde a imagem foi encontrada, foi aberta ao público. O número de pessoas que vinham de todas as cidades do Brasil aumentou muito e logo foi preciso construir uma igreja maior, hoje conhecida como a Basílica Velha. Uma coroa de ouro e pedras preciosas foi doada à imagem pela Princesa Isabel.

Em 1930 Nossa Senhora Aparecida foi proclamada padroeira do Brasil, por bula do papa Pio XI e seu culto se espalhou muito.

Em 1955, teve início a construção da atual Basílica Nova, chamada oficialmente de Basílica de Aparecida, Santuário Nacional pela Conferência Nacional dos Bispos do Brasil (CNBB).

Em 1984, o Papa João Paulo II rezou, em Aparecida do Norte, a missa de consagração da Basílica Nacional, consagrando o povo brasileiro e o país aos cuidados de Nossa Senhora Aparecida. O dia da festa comemorativa a Nossa Senhora Aparecida é 12 de outubro.

A iconografia da santa diz respeito a uma imagem de Nossa Senhora da Conceição preta (a original obra de barro cozido, escurecida pela permanência nas águas do rio), coberta por um manto ornamental grosso e bordado, que cobre a cabeça e seu corpo, deixando ver apenas o rosto e as mãos unidas junto ao peito. Na cabeça, usa geralmente uma coroa imperial.

9.2 Novena de Nossa Senhora Aparecida

1º dia

Iniciemos com fé este primeiro dia de nossa novena, invocando a presença da Santíssima Trindade: em nome do Pai, do Filho e do Espírito Santo. Amém.

Leitura do Evangelho: Lc 1,28

Entrando onde ela estava, o anjo lhe disse: "Alegra-te, cheia de graça, o Senhor está contigo!"

Reflexão

Maria foi escolhida por Deus e aceitou gerar aquele que é o Salvador da humanidade. Ela foi eleita por Ele. Ela é a estrela que precede o surgimento do Cristo que veio para iluminar todos nós. Ela é cheia de graça.

Oração

Nossa Senhora Aparecida, eu vos saúdo santa mãe porque fostes escolhida para ser a mãe de nosso Salvador.

Ó Mãe Aparecida, acolhei minha vida que agora consagro a vós e concedei-me a graça que a vós suplico... [dizer a graça desejada].

Pai-nosso.

Ave-Maria.

Glória-ao-Pai.

Senhora Aparecida, milagrosa padroeira, sede nossa guia nesta mortal carreira! Ó Virgem Aparecida, sacrário do redentor, dai à alma desfalecida vosso poder e valor. Ó Virgem Aparecida, alcançai-nos graças na vida, favorecei-nos na morte!

2º dia

Iniciemos com fé este segundo dia de nossa novena, invocando a presença da Santíssima Trindade: em nome do Pai, do Filho e do Espírito Santo. Amém.

Leitura do Evangelho: Lc 1,38

[...] Eis aqui a serva do Senhor. Aconteça comigo segundo tua palavra.

Reflexão

Maria, como escolhida do Senhor, aceitou receber Jesus, colaborando com Deus na obra de salvação da humanidade. Jesus e Maria são inseparáveis, desde a eternidade, eles estavam unidos no pensamento e na vontade de Deus.

O poder da oração a Maria

Oração

Virgem Mãe Aparecida, vós que escutastes a palavra de Deus e realizastes vossa vontade, dai-me força e coragem para ver e ouvir Deus nos fatos e sinais diários de minha vida.

Ó mãe poderosa, atendei a minha súplica... [dizer a graça que se deseja alcançar].

Pai-nosso.

Ave-Maria.

Glória-ao-Pai.

Senhora Aparecida, milagrosa padroeira, sede nossa guia nesta mortal carreira! Ó Virgem Aparecida, sacrário do redentor, dai à alma desfalecida vosso poder e valor. Ó Virgem Aparecida, alcançai-nos graças na vida, favorecei-nos na morte!

3º dia

Iniciemos com fé este terceiro dia de nossa novena, invocando a presença da Santíssima Trindade: em nome do Pai, do Filho e do Espírito Santo. Amém.

Leitura do Evangelho: Lc 1,49

[...] porque o Poderoso fez por mim grandes coisas: o seu nome é santo.

Reflexão

Maria reconheceu as graças de Deus em sua vida. Semelhante a Maria, vamos estar com o coração aberto para que o Espírito Santo possa fazer, por meio de nós, grandes coisas.

Oração

Nossa Senhora Aparecida, ensinai-nos a viver o amor e a bondade, fazendo-nos discípulos de vosso Filho amado. Atendei a súplica que vos faço... [fazer o pedido].

Pai-nosso.

Ave-Maria.

Glória-ao-Pai.

Senhora Aparecida, milagrosa padroeira, sede nossa guia nesta mortal carreira! Ó Virgem Aparecida, sacrário do redentor, dai à alma desfalecida vosso poder e valor. Ó Virgem Aparecida, alcançai-nos graças na vida, favorecei-nos na morte!

O poder da oração a Maria

4º dia

Iniciemos com fé este quarto dia de nossa novena, invocando a presença da Santíssima Trindade: em nome do Pai, do Filho e do Espírito Santo. Amém.

Leitura do Evangelho: Lc 1,56

> Maria ficou com Isabel uns três meses e voltou para casa.

Reflexão

Maria estava grávida, deixou sua casa e foi ajudar Isabel no nascimento de João. Ela carrega consigo aquele que será a salvação de todos nós, mas, em sua humildade, ela é solidária com o próximo.

Oração

Nossa Senhora Aparecida, vós que aparecestes nas águas do Rio Paraíba, despertando a fé em tantas pessoas, despertai em meu coração a vontade de servir ao próximo e ter cada vez mais fé em vosso amado Filho. Alcançai-me a graça de que tanto necessi-to... [fazer o pedido].

Pai-nosso.

Ave-Maria.

Glória-ao-Pai.

Senhora Aparecida, milagrosa padroei-ra, sede nossa guia nesta mortal carreira! Ó Virgem Aparecida, sacrário do redentor, dai à alma desfalecida vosso poder e valor. Ó Vir-gem Aparecida, alcançai-nos graças na vida, favorecei-nos na morte!

5º dia

Iniciemos com fé este quinto dia de nossa novena, invocando a presença da Santíssima Trindade: em nome do Pai, do Filho e do Espírito Santo. Amém.

Leitura do Evangelho: Lc 1,48

[...] porque olhou para a humildade de sua serva [...].

Reflexão

Nossa Senhora se coloca como a serva do Senhor. Ela é uma pessoa humilde, se diz pequena, mas nela resplandece a esperança de todos nós. Ela é amor, misericórdia e fortaleza de nós todos.

Oração

Querida Nossa Senhora Aparecida, vós sois nossa esperança e consolo. Peço vossa intercessão para o alcance da graça... [falar a graça que se deseja alcançar].

Pai-nosso.

Ave-Maria.

Glória-ao-Pai.

Senhora Aparecida, milagrosa padroeira, sede nossa guia nesta mortal carreira! Ó Virgem Aparecida, sacrário do redentor, dai à alma desfalecida vosso poder e valor. Ó Virgem Aparecida, alcançai-nos graças na vida, favorecei-nos na morte!

Nossa Senhora Aparecida

6º dia

Iniciemos com fé este sexto dia de nossa novena, invocando a presença da Santíssima Trindade: em nome do Pai, do Filho e do Espírito Santo. Amém.

Leitura do Evangelho: Jo 2,5

[...] Fazei tudo o que Ele vos disser.

Reflexão

Maria foi presença constante na vida de Jesus. Ela quer que escutemos Jesus, colocando seus ensinamentos em nossa vida.

Oração

Nossa Senhora Aparecida, sede nossa intercessora para alcançarmos a paz e a alegria que só vosso Filho Jesus pode nos dar. Preciso de vossa intercessão para o alcance da graça de que tanto necessito... [dizer a graça que se deseja alcançar].

Pai-nosso.

Ave-Maria.

219

Glória-ao-Pai.

Senhora Aparecida, milagrosa padroeira, sede nossa guia nesta mortal carreira! Ó Virgem Aparecida, sacrário do redentor, dai à alma desfalecida vosso poder e valor. Ó Virgem Aparecida, alcançai-nos graças na vida, favorecei-nos na morte!

7º dia

Iniciemos com fé este sétimo dia de nossa novena, invocando a presença da Santíssima Trindade: em nome do Pai, do Filho e do Espírito Santo. Amém.

Leitura do Evangelho: Jo 15,7

> Se permanecerdes em mim e minhas palavras permanecerem em vós, pedireis tudo o que quiserdes, e vos será dado.

Reflexão

Seguindo os ensinamentos de Jesus, permanecemos com Ele. Amar a Deus significa seguir seus mandamentos e, assim agindo,

Nossa Senhora Aparecida

podemos pedir sua intervenção na certeza de que, na hora certa, seremos atendidos.

Oração

Nossa Senhora Aparecida, rainha e padroeira, ajudai-me a permanecer em Cristo para seguir e proclamar Jesus como nosso único Salvador. Intercedei a Ele para o alcance da graça... [dizer a graça que deseja].

Pai-nosso.

Ave-Maria.

Glória-ao-Pai.

Senhora Aparecida, milagrosa padroeira, sede nossa guia nesta mortal carreira! Ó Virgem Aparecida, sacrário do redentor, dai à alma desfalecida vosso poder e valor. Ó Virgem Aparecida, alcançai-nos graças na vida, favorecei-nos na morte!

8ª dia

Iniciemos com fé este oitavo dia de nossa novena, invocando a presença da Santíssima

Trindade: em nome do Pai, do Filho e do Espírito Santo. Amém.

Leitura do Evangelho: Jo 19,26-27

> Vendo a mãe e, perto dela, o discípulo a quem amava, Jesus disse para a mãe: "Mulher, aí está o teu filho". Depois disse para o discípulo: "Aí está a tua mãe". E desde aquela hora o discípulo tomou-a sob seus cuidados.

Reflexão

Jesus, na cruz, pronuncia palavras unindo sua mãe e seu discípulo amado. Essa união significa que para sempre Jesus estará conosco, pois Maria é a mãe de todos os que seguem Jesus e continuam a obra dele.

Oração

Nossa Senhora Aparecida, padroeira nossa, vós que participastes de todo o sofrimento de Jesus olhai para mim com carinho neste difícil momento de minha vida. Enviai

Nossa Senhora Aparecida

sua luz divina para me ajudar a resolver... *[falar a graça que se deseja alcançar]*.

Pai-nosso.

Ave-Maria.

Glória-ao-Pai.

Senhora Aparecida, milagrosa padroeira, sede nossa guia nesta mortal carreira! Ó Virgem Aparecida, sacrário do redentor, dai à alma desfalecida vosso poder e valor. Ó Virgem Aparecida, alcançai-nos graças na vida, favorecei-nos na morte!

9ª dia

Iniciemos com fé este nono dia de nossa novena, invocando a presença da Santíssima Trindade: em nome do Pai, do Filho e do Espírito Santo. Amém.

Leitura bíblica: Sl 27,1

O Senhor é minha luz e minha salvação: a quem temerei? O Senhor é a fortaleza de minha vida: perante quem tremerei?

Reflexão

O salmo ressalta que Jesus é tudo em nossa vida. Ele não nos abandona nunca; é nosso escudo de proteção. Ele é o Caminho, a Verdade e a Vida. Ele nasceu de Maria e a ela concedeu poderes. Ela é o nosso consolo.

Oração

Gloriosa Nossa Senhora Aparecida, derramai sobre minha família vossas bênçãos. Ajudai-nos a viver sempre unidos, no respeito mútuo e na paz. Concedei-me a graça que vos peço nesta novena... [dizer a graça].

Eu vos agradeço na certeza de que serei atendido(a).

Pai-nosso.

Ave-Maria.

Glória-ao-Pai.

Senhora Aparecida, milagrosa padroeira, sede nossa guia nesta mortal carreira! Ó Virgem Aparecida, sacrário do redentor, dai à alma desfalecida vosso poder e valor. Ó Virgem Aparecida, alcançai-nos graças na vida, favorecei-nos na morte!

9.3 Orações a Nossa Senhora Aparecida

Oração 1

[Para um socorro urgente.]

Querida mãe, Nossa Senhora Apareci-
da. Vós que nos amais e nos guiais todos os
dias, vós que sois a mais bela das mães, a quem
eu amo de todo o meu coração. Eu vos peço
mais uma vez que me ajudeis a alcançar esta
graça... [fazer o pedido]. Sei que vós me aju-
dareis e me acompanhareis sempre, até a hora
da minha morte. Amém.

Pai-nosso.

Ave-Maria.

Fazer esta oração três dias seguidos ou três
horas seguidas para os pedidos urgentes.

Oração 2

[Para afastar todos os males.]

Ó Virgem Santa, incomparável Nossa Se-
nhora da Conceição Aparecida, mãe de meu
Deus, rainha e padroeira do Brasil, advo-
gada dos pecadores, refúgio e consolação dos

O poder da oração a Maria

aflitos e atribulados. Ó Virgem Santíssima, cheia de bondade e poder, lançai sobre nós um olhar favorável para que sejamos socorridos em todas as necessidades em que nos achamos. Assim, pois, Senhora, livrai-me de tudo que possa ofender-vos e a vosso divino Filho, meu redentor e Senhor Jesus Cristo. Virgem bendita, preservai este vosso indigno servo, esta casa e seus habitantes da violência, da fome, da guerra, de tempestades e de outros perigos e males que nos possam atingir.

Soberana Senhora Aparecida, dignai-vos dirigir-nos em todos os negócios espirituais e temporais; livrai-nos da tentação do demônio para que, trilhando o caminho da virtude, pelos merecimentos da vossa puríssima virgindade e do preciosíssimo sangue de vosso Filho, vos possamos ver, amar e gozar a eterna glória, por todos os séculos. Amém.

Oração 3

[Para se ter proteção sempre.]

Rogamos a Nossa Senhora Aparecida que nos conceda a graça de obter, em nossos

Nossa Senhora Aparecida

dias, saúde, felicidade, bem-estar, paz, união, alegria e amor. Que nossos pensamentos, palavras e ações sejam sempre voltados para o nosso bem e de nossos semelhantes. Amém.

Oração 4

Ó Maria, mãe de Jesus e nossa mãe, que em vossa imagem de Aparecida espalhais inúmeros benefícios sobre o Brasil, confiante vos apresento a minha prece. Acolhei-me sob a vossa proteção e livrai-me de todos os males.

Ó Senhora Aparecida, acompanhai o povo brasileiro em suas dificuldades. Amparai a nossa Igreja, iluminai o papa, abençoai os nossos bispos e orientai as nossas comunidades. Protegei os nossos jovens e fazei surgir numerosas vocações religiosas.

Ó Mãe Aparecida, alcançai-nos de vosso Filho Jesus a graça da salvação eterna, ó clemente, ó piedosa, ó doce sempre Virgem Maria. Amém.

O poder da oração a Maria

Oração 5

[Oração de apelo.]

Neste momento de desespero, com o coração em brasas e a cabeça ardente de preocupação, só a ti, santa mãe de Jesus, posso recorrer. Nossa Senhora Aparecida, mãe de todos os brasileiros, senhora misericordiosa, fazei com que eu seja digno de ter meu pedido atendido... [dizer o pedido]. Vinde e derramai luz da sua pureza sobre mim, para que eu seja merecedor de tal graça. Nossa Senhora, querida mãe da purificação, em nome de seu amado Filho Jesus Cristo, eu peço... [fazer novamente o pedido]. Nossa Senhora, amada mãe, desejo que a luz da divina pureza, da qual foste a portadora do merecimento de ser a mãe de Cristo, cresça e resplandeça em todo o meu ser e de toda a minha família, especialmente de... [dizer o nome da pessoa para quem está rezando]. Que assim seja, em nome de Jesus. Amém.

9.4 Ladainha de Nossa Senhora Aparecida

Senhor, tende piedade de nós.

Jesus Cristo, tende piedade de nós.

Senhor, tende piedade de nós.

Jesus Cristo, escutai-nos.

Jesus Cristo, atendei-nos.

Pai celeste, que sois Deus, tende piedade de nós.

Deus Filho, redentor do mundo, tende piedade de nós.

Deus Espírito Santo, tende piedade de nós.

Santíssima Trindade, que sois um só Deus, tende piedade de nós.

Santa Maria, rainha dos mártires, rogai por nós.

Nossa Senhora Aparecida, padroeira do Brasil, rogai por nós.

Nossa Senhora Aparecida, mãe da misericórdia, rogai por nós.

Nossa Senhora Aparecida, socorro dos doentes, rogai por nós.

Nossa Senhora Aparecida, rainha da paz, rogai por nós.

O poder da oração a Maria

Nossa Senhora Aparecida, consolo nosso, rogai por nós.

Nossa Senhora Aparecida, esperança nossa, rogai por nós.

Nossa Senhora Aparecida, refúgio nas aflições, rogai por nós.

Nossa Senhora Aparecida, defensora nossa, rogai por nós.

Nossa Senhora Aparecida, mãe nossa, rogai por nós.

Nossa Senhora Aparecida, mãe de solidariedade, rogai por nós.

Nossa Senhora Aparecida, mãe dos humildes, rogai por nós.

Nossa Senhora Aparecida, mãe da purificação, rogai por nós.

Nossa Senhora Aparecida, mãe de Jesus, rogai por nós.

Nossa Senhora Aparecida, mãe do amparo, rogai por nós.

Cordeiro de Deus, que tirais o pecado do mundo, perdoai-nos, Senhor.

Cordeiro de Deus, que tirais o pecado do mundo, ouvi-nos, Senhor.

Cordeiro de Deus, que tirais o pecado do mundo, tende piedade de nós, Senhor.

Jesus Cristo, ouvi-nos.

Jesus Cristo, atendei-nos.

Rogai por nós, Nossa Senhora Aparecida, padroeira nossa,

Para que sejamos dignos das promessas de Cristo.

Conecte-se conosco:

- **f** facebook.com/editoravozes
- @editoravozes
- @editora_vozes
- youtube.com/editoravozes
- +55 24 2233-9033

www.vozes.com.br

Conheça nossas lojas:
www.livrariavozes.com.br

Belo Horizonte – Brasília – Campinas – Cuiabá – Curitiba
Fortaleza – Juiz de Fora – Petrópolis – Recife – São Paulo

EDITORA VOZES LTDA.
Rua Frei Luís, 100 – Centro – Cep 25689-900 – Petrópolis, RJ
Tel.: (24) 2233-9000 – E-mail: vendas@vozes.com.br